Dr. Angela Verse-Herrmann
Dr. Dieter Herrmann

W0194401

Erfolgreich bewerben an Hochschulen

So bekommen Sie Ihren Wunschstudienplatz

Beruf & Karriere

STARK

Die Autoren

Dr. Angela Verse-Herrmann war mehrere Jahre Mitarbeiterin in der Zentralen Studienberatung der Universität Trier. Sie arbeitet als Autorin und Seminarleiterin im Bereich Studien- und Berufsplanung und als private Studienberaterin *(www.bw-dienste.de)*. Zahlreiche Veröffentlichungen mit Dieter Herrmann, zuletzt: *Studieren, aber was?, 1000 Wege nach dem Abitur, Der große Berufswahltest* und *Der große Studienwahltest*.

Dr. Dieter Herrmann war mehrere Jahre Studienberater für deutsche und ausländische Studierende an der Universität Bonn. Er ist Geschäftsführer einer Wissenschaftsorganisation.

Die Informationen in diesem Buch sind von den Autoren und dem Verlag sorgfältig geprüft worden. Dennoch kann keine Garantie für die Richtigkeit der Informationen und keine Haftung übernommen werden. Eine Haftung der Autoren oder des Verlages für Personen-, Sach- und Vermögensschäden ist ausgeschlossen.

Coverbild: Toshiro Shimada

ISBN 978-3-86668-986-2

© 2015 by Stark Verlagsgesellschaft mbH & Co. KG
www.berufundkarriere.de

Inhalt

Einleitung

Liebe Leserin, lieber Leser,

Sie haben sich, sicher nach reiflicher Überlegung, dafür entschieden, ein Studium aufzunehmen, und wollen nun wissen, wie Sie schnell und zielsicher an Ihren Wunschstudienplatz kommen. Hierbei möchte Ihnen dieses Buch behilflich sein.

In immer mehr Studienfächern reicht das Abitur als Studienberechtigung nicht mehr aus. Vor dem Studium stehen eine Bewerbung und ein Auswahlverfahren.

Beim *hochschulstart.de*-Auswahlverfahren werden neben der Abiturdurchschnitts- und der Wartezeitquote 60 Prozent der bundesweit zulassungsbeschränkten Studiengänge mithilfe von hochschuleigenen Auswahlverfahren vergeben. Das betrifft besonders die bei Studienbewerberinnen und -bewerbern begehrten Medizinstudienfächer und die Pharmazie. Nach welchen Kriterien dabei ausgewählt wird, erfahren Sie in der Übersicht ab S. 21.

Über *hochschulstart.de* werden zusätzlich auch Studienplätze für etwa 280 Studiengänge an Universitäten und Fachhochschulen bundesweit vergeben (im sogenannten *Dialogorientierten Serviceverfahren*). Mehr zu diesem System finden Sie ab S. 34. Das Auswahlkriterium »Berufspraktische Kenntnisse« hat an Bedeutung gewonnen und zwar sowohl für die bundesweit zulassungsbeschränkten Fächer als auch für die nicht von *hochschulstart.de* vergebenen Studienplätze. Je nach Studienfach kann es also für Sie von Vorteil sein, wenn Sie eine für das Fach relevante Berufspraxis vorweisen können.

Die Vergabe der Studienplätze kann allein aufgrund einer schriftlichen Bewerbung erfolgen. Daher kommt der vollständigen Zusammenstellung der nötigen Unterlagen und dem richtigen Verfassen des Anschreibens und des Motivationsschreibens größte Bedeutung zu. Wir geben Ihnen viele wichtige Hinweise und Beispiele in diesem Buch.

An die schriftliche Bewerbung kann sich aber auch ein Auswahlgespräch anschließen. Sie erhalten hier Informationen über den Ablauf eines solchen Gesprächs und erfahren, wie Sie sich am besten auf mögliche schwierige Fragen vorbereiten können.

Wir zeigen Ihnen, bei welchen Hochschulen und bei welchen Studienfächern Sie mit Bewerbungen und Eingangstests rechnen müssen und wie diese Tests aussehen. Sie bekommen Hinweise, wie Sie sich auf die jeweiligen Tests optimal vorbereiten können und auf welche Fragen Sie besonders achten müssen. Musterschreiben helfen Ihnen bei der Bewerbung.

Wir möchten mit dem vorliegenden Buch all diejenigen unterstützen, die sich unliebsame Überraschungen beim Übergang vom Abitur/Fachabitur zum Studium ersparen und unnötige Wartezeiten oder Frustration, wenn es mit dem Wunschstudienplatz nicht geklappt hat, vermeiden möchten.

Schließlich geben wir Ihnen auch Tipps, was Sie vor der Bewerbung um einen Studienplatz beachten sollten und wie Sie sich bei mehreren Hochschulen gleichzeitig bewerben. Und Sie erhalten Einschätzungen von erfahrenen Hochschullehrerinnen und -lehrern, was für die Bewerbung und das jeweilige Studienfach wichtig ist.

Damit dieses Buch auch weiterhin aktuelle Informationen für die Vorbereitung auf Hochschulauswahlverfahren bieten kann, ist uns Ihre Mithilfe wichtig. Wenn Sie Tests und Gespräche absolviert haben, wären wir Ihnen für eine Rückmeldung dankbar, damit Ihre Erfahrungen in Neuauflagen des Buches einfließen können und künftigen Studienbewerbern helfen, sich noch besser auf die Prüfungen vorzubereiten. Bitte schreiben Sie Ihre Erfahrungen an:

Dr. Dieter Herrmann und Dr. Angela Verse-Herrmann
St.-Gereon-Str. 28
55299 Nackenheim
E-Mail: angela.verse@t-online.de

Hierfür bereits vorab herzlichen Dank!

Ihnen eine angenehme Lektüre des Buches und viel Erfolg in den Hochschulauswahlverfahren!!

Dieter Herrmann und Angela Verse-Herrmann

Wie erfahre ich, wo welches Auswahlverfahren angewandt wird?

Die Hochschulzulassung in Deutschland befindet sich seit einigen Jahren im Übergang von dem vorherigen System (entweder Bewerbung bei *hochschulstart.de* oder freie Einschreibung) zu einem, in dem in absehbarer Zeit die meisten Studienplätze über ein Auswahlverfahren vergeben werden.

Deshalb gibt es weder ein Buch / eine Broschüre noch eine zentrale Internetadresse, über die aktuell für jeden Studiengang in Erfahrung gebracht werden kann, welcher Weg zum jeweiligen Studienplatz führt – eine gründliche und vor allem aktuelle Recherche ist also erforderlich.

Zulassungsbeschränkt sind derzeit bundesweit die medizinischen Studienfächer (Humanmedizin, Zahnmedizin und Tiermedizin), Pharmazie sowie etwa 280 Studiengänge des sogenannten Dialogorientierten Serviceverfahrens von *hochschulstart.de*. Welche das sind, können Sie unter *www.hochschulstart.de* nachsehen. Bei allen anderen Fächern und Studiengängen können sich Studieninteressierte über die Zulassungsvoraussetzungen und gegebenenfalls das Bewerbungsverfahren nur durch eigenes Recherchieren informieren.

Wenn Sie bereits genau wissen, was Sie an welcher Hochschule studieren wollen, erkundigen Sie sich zuerst nach den Zulassungsbedingungen. Die Recherche kann erst einmal über das Internet erfolgen. Auf der Homepage der jeweiligen Hochschule suchen Sie in Rubriken wie »Bewerbung und Zulassung« oder klicken auf »Informationen für Studieninteressierte« oder auf »Studienangebot«, wo der jeweilige Studiengang mit den zentralen Informationen dargestellt wird. Besonders wichtig ist es, die »Satzung des Auswahlverfahrens« zu finden, in der für jeden Studiengang detailliert das Auswahlverfahren beschrieben wird.

Auf diese Weise können Sie in Erfahrung bringen, ob – im günstigsten Fall – der gewünschte Studiengang zulassungsfrei ist und Sie an der Hochschule »nur« einen Antrag auf Einschreibung stellen müssen. Haben Sie diesen ausgefüllt und mit einigen schriftlichen Unterlagen (Kopie des Abiturzeugnisses, Krankenversicherungsnachweis etc.) eingereicht, steht der Einschreibung an der Hochschule und dem Studienbeginn nichts mehr im Wege. Während man bei der Mehrzahl der Hochschulen für die Einschreibung persönlich erscheinen muss, bieten einige eine Einschreibung per Post oder online an.

Haben Sie herausgefunden, dass für den von Ihnen gewünschten Studiengang ein Auswahlverfahren durchgeführt wird, lesen Sie diese Informationen und die Satzung des Auswahlverfahrens sehr gründlich durch und überlegen Sie, wie Sie sich auf die einzelnen Prüfungsformen am besten vorbereiten können. Dabei wird Ihnen dieses Buch eine sehr wichtige Hilfe sein.

Verlassen Sie sich hier bitte nicht allein auf Auskünfte aus dem Internet. Die dort bereitgestellten Daten, vor allem Abgabe- oder Testtermine, könnten veraltet sein. Prüfen Sie, ob die Angaben aus dem Internet auch in den schriftlichen Unterlagen der Hochschule enthalten sind und fordern Sie bei voneinander abweichenden Angaben aktuelle Informationen zum gewünschten Studiengang bei der jeweiligen Hochschule an.

Wir empfehlen grundsätzlich ein Vorgehen in mehreren Etappen, vor allem dann, wenn Sie sich Ihrer Sache noch nicht so ganz sicher sind. Im ersten Schritt ermitteln Sie Ihr Wunschstudium, für das Sie besonders begabt und geeignet sind. Danach finden Sie heraus, an welchen Hochschulen Sie dieses Fach studieren können, und machen sich eine Liste von fünf Wunschhochschulen. Diese schreiben Sie an, erfragen die Zulassungsbedingungen und starten rechtzeitig mit der Bewerbung unter genauer Einhaltung der Bewerbungstermine.

Bewerbung um den Studienplatz bei *hochschulstart.de*

Die Bewerbung um den Medizinstudienplatz und für Pharmazie

So funktioniert das Verfahren

Die medizinischen Studiengänge und Pharmazie gehören seit Jahrzehnten zu den begehrtesten Studienfächern. Zwischen der Zahl der Bewerber / -innen und den zur Verfügung stehenden Studienplätzen klafft eine große Lücke. In manchen Jahren ist die Bewerberzahl zehnmal höher als die der freien Plätze.

Wer an einer deutschen Hochschule ein medizinisches oder pharmazeutisches Studium beginnen möchte, muss sich immer an *hochschulstart.de* (die frühere ZVS) in Dortmund wenden. Es gibt keine Möglichkeit der direkten Bewerbung an einer Hochschule.

hochschulstart.de vergibt zuerst Studienplätze an Zweitstudienbewerber, Härtefälle und Nicht-EU-Ausländer sowie an die Sanitätsoffizier-Anwärter / -innen der Bundeswehr. Ferner werden Bewerber, die wegen eines Dienstes (etwa Bundesfreiwilligendienst, freiwilliger Wehrdienst, freiwilliges soziales Jahr, freiwilliges ökologisches Jahr, europäischer Freiwilligendienst u. a.) daran gehindert waren, ihren Studienplatz anzutreten, erneut zugelassen.

Von den verbleibenden Studienplätzen werden **20 Prozent** anschließend nach der besten Abiturnote vergeben und ebenso **20 Prozent** nach der Wartezeit.

An die **60 Prozent** der restlichen Studienplätze gelangt man über die »Auswahlverfahren der Hochschulen«. Der Weg führt jedoch erst einmal über *hochschulstart.de* und nicht direkt über die Hochschulen.

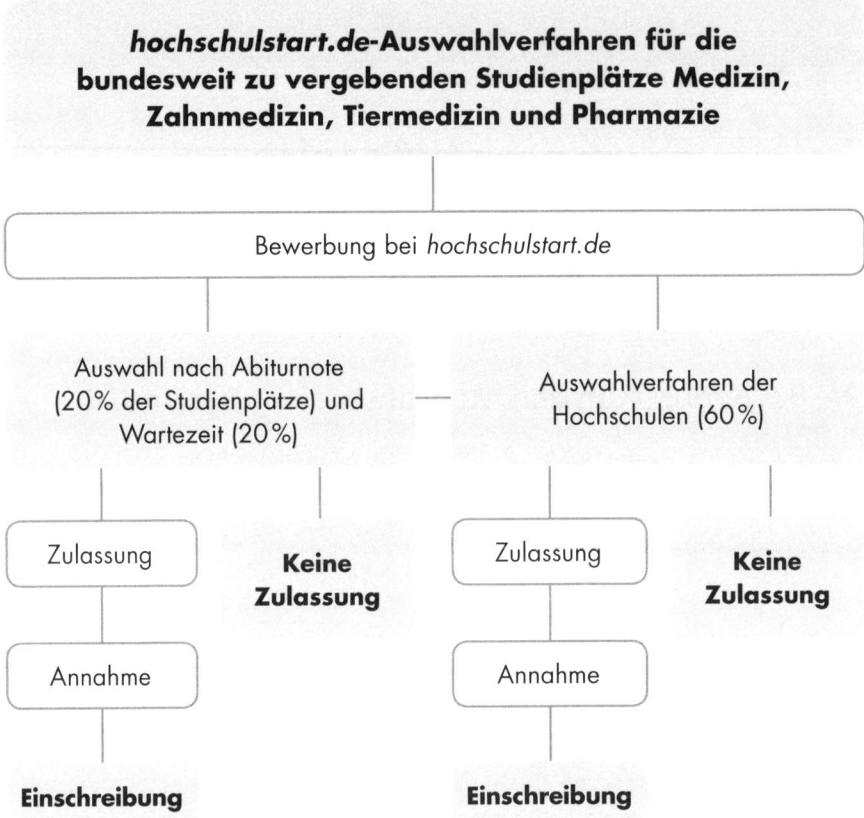

Als Wartezeit gelten die Halbjahre (= Semester), die seit dem Abitur vergangen sind und die man nicht studiert hat. Was man in der Wartezeit gemacht hat, spielt für *hochschulstart.de* ansonsten keine Rolle.

Bei der Auswahl nach der besten Abiturnote konkurrieren nur die Abiturienten aus dem jeweiligen Bundesland miteinander. *hochschulstart.de* teilt die zu vergebenden Studienplätze in 16 Landesquoten, sodass nur Bewerberinnen und Bewerber aus demselben Bundesland im Wettbewerb stehen. Dasselbe Bundesland heißt, dass dort das Abitur abgelegt wurde; wo man aufgewachsen oder zeitweise zur Schule gegangen ist, ist unerheblich. Mit diesem System wird sichergestellt, dass nicht diejenigen einen Vorteil haben, die das Abitur in einem Bundesland absolviert haben, in dem die Noten u. U. besser sind als in anderen Bundesländern. Was das *hochschulstart.de*-Verfahren nicht berücksichtigt, sind unterschiedliche Voraussetzungen innerhalb der

Bundesländer. Denn es ist kein Geheimnis, dass es, häufig sogar in einer Stadt, Gymnasien gibt, denen der Ruf vorauseilt, hier sei das Abitur leichter und mit besseren Noten zu erwerben. Von anderen heißt es, den Schüler / -innen werde für gute Zensuren mehr abverlangt.

Kommen wir zur Vergabe der restlichen 60 Prozent der bundesweit vergebenen Studienplätze, zur **Vergabe über die Auswahlverfahren der Hochschulen**. In diese Verfahren gelangen all diejenigen, die über die Abiturnote und die Wartezeit nicht zugelassen wurden und im Zulassungsantrag eine Teilnahme an den Auswahlverfahren ausdrücklich vermerkt haben.

Von den Bewerber / -innen können auch hier bis zu sechs Hochschulen (in der Reihenfolge 1 – 6) angegeben werden. An die Spitze der Rangliste sollte die Hochschule gesetzt werden, bei der die Zulassung aufgrund der persönlichen Qualifikationen am wahrscheinlichsten erscheint. An die zweite Stelle diejenige Hochschule, an der man sich nach der erstgenannten die zweitgünstigsten Chancen ausrechnet usw. Welche Auswahlverfahren die Hochschulen in den jeweiligen Studiengängen anwenden, erfahren Sie ab S. 21.

Für die Auswahl dieser 60 Prozent der Studienplätze können – neben der Abiturnote, die immer Bestandteil des Auswahlverfahrens bleibt – folgende Kriterien herangezogen werden:

- die Wahl von Schulfächern in der Oberstufe, die über die Eignung für ein Fach Auskunft geben. Bei den medizinischen Studiengängen sind das vor allem die naturwissenschaftlichen Fächer Chemie, Physik, Biologie, Mathematik.

- Einzelnoten des Abiturzeugnisses, die über die Eignung für ein Fach Auskunft geben. Auch hier werden vor allem die naturwissenschaftlichen Fächer Chemie, Physik, Biologie und Mathematik herangezogen.

- das Ergebnis eines fachbezogenen Studierfähigkeitstests, etwa des Tests für Medizinische Studiengänge (TMS)

- eine vorherige einschlägige Berufsausbildung oder Berufstätigkeit, etwa als Gesundheits- und Krankenpfleger / -in, Rettungsassistent / -in u. a.

- ein vorher abgeleisteter Dienst (freiwilliges soziales Jahr, Bundesfreiwilligendienst u. a.)

- das Ergebnis eines Auswahlgesprächs, das über Motivation und Eignung für das gewählte Studium und den angestrebten Beruf Aufschluss geben kann und auch dazu dienen soll, Fehlvorstellungen zu vermeiden

- evtl. zusätzliche Kriterien nach Landesrecht
- eine Kombination dieser Kriterien

Die Hochschulen können nach einem Kriterium die Auswahl vornehmen, sie können aber auch mehrere davon miteinander kombinieren und verschieden gewichten. Sie haben darüber hinaus die Möglichkeit, auch außerschulische Aktivitäten mit zu berücksichtigen, etwa eine Auszeichnung bei einem Wettbewerb auf Bundes- oder Landesebene wie »Jugend forscht« oder hervorragende sportliche Leistungen wie die Mitgliedschaft in einem A-, B- oder C-Kader eines Bundesfachverbands des Deutschen Olympischen Sportbunds. In jedem Fall muss die Abiturdurchschnittsnote einen maßgeblichen Einfluss auf die Zulassung zum Studium behalten.

hochschulstart.de trifft für viele Hochschulen in der Quote »Auswahlverfahren der Hochschulen« eine Vorauswahl. Denn aufgrund der Vielzahl der Bewerber/-innen können manche Hochschulen nicht alle zu einem Auswahlverfahren einladen.

Die Kriterien bei der Vorauswahl durch *hochschulstart.de* können entweder die Abiturnote oder die Ortspräferenz sein, Letzteres heißt, es werden diejenigen eingeladen, die diese Hochschule an der Spitze bzw. auf der 1. und 2. Position oder auf der 1. bis 3. Position usw. ihrer Wunsch-Studienortsliste platziert haben. Die dritte Möglichkeit der Vorauswahl ist die Verbindung der Kriterien Abiturnote und Ortspräferenz, etwa, dass eine Vorauswahl nach Abiturnote 2,2 und zusätzlich nach 1. Ortspräferenz erfolgt. Anschließend führt die Hochschule am Hochschulort ein Auswahlverfahren durch, für das z. B. zu einem Auswahlgespräch an die Hochschule eingeladen wird oder in das einzelne Noten des Abiturzeugnisses oder eine einschlägige Berufsausbildung einbezogen werden. Die Abiturdurchschnittsnote ist in jedem dieser Auswahlverfahren weiter mit Auswahlkriterium.

Die Auswahltests

Der Test für Medizinische Studiengänge (TMS)

Als die Hochschulen 2005 neue Kriterien in ihre Auswahlverfahren einbeziehen durften, führten zuerst die Universitäten in Baden-Württemberg den Test für Medizinische Studiengänge (TMS) für Medizin und Zahnmedizin auf freiwilliger Basis ein. Mittlerweile haben bundesweit über 15 Universitäten den TMS in ihr Auswahlverfahren aufgenommen. Auch kann der TMS in das Auswahlverfahren für den Studiengang

Molekulare Medizin der Universität Ulm und für den deutsch-britischen Studiengang Medizin eingebracht werden, der zum Wintersemester 2014/2015 von der Kassel School of Medicine und der University of Southampton erstmals angeboten wird.

Mit der Testentwicklung und -auswertung wurde 2005 das Unternehmen ITB Consulting in Bonn beauftragt, das schon den bis in die 1990er Jahre üblichen Medizinertest konzipiert hatte. Der Test kann einmal im Jahr an verschiedenen Orten in Deutschland abgelegt werden. Voraussetzung ist die rechtzeitige Anmeldung unter *www.tms-info.org*, die in den letzten Jahren vom 1. Dezember bis 15. Januar erfolgen konnte. Weitere Voraussetzung ist, eine Teilnahmegebühr von derzeit 50 Euro rechtzeitig zu einem Stichtag einzuzahlen. Die Teilnahme ist nur einmal möglich, das Testergebnis gilt dann für alle zukünftigen Bewerbungsverfahren und ist nicht mehr korrigierbar.

Der TMS prüft das medizinisch-naturwissenschaftliche Grundverständnis, inwiefern aus Texten, Tabellen und Grafiken Informationen erfasst und richtig interpretiert werden und wie gut Bewerber/-innen mit Größen, Einheiten und Formeln umgehen können. Ferner werden die visuelle Wahrnehmung, die Merk- und Konzentrationsfähigkeit und das räumliche Vorstellungsvermögen geprüft. Kenntnisse der naturwissenschaftlichen Fächer in der Oberstufe werden im Test nicht direkt abgefragt, sind aber hilfreich, wenn es etwa um die Aufgaben zu Größen, Einheiten und Formeln geht.

Bei der Vorbereitung auf den Test sollte man zuerst die Informationsbroschüre von ITB mit zahlreichen Beispielaufgaben durcharbeiten unter:

www.tms-info.org/fileadmin/pdf/informationsbroschuere_tms.pdf

Anschließend ist es sinnvoll, sich mithilfe von zwei Ratgebern, die von ITB Consulting herausgebracht wurden, mit weiteren Beispielaufgaben vertraut zu machen:

ITB Consulting (Hrsg.), *Test für medizinische Studiengänge I: Originalversion I des TMS*, 2008.

ITB Consulting (Hrsg.), *Test für medizinische Studiengänge II: Originalversion II des TMS*, 2008.

In den Hochschulauswahlverfahren sind mehrere Universitäten in den letzten Jahren dazu übergegangen, für ein hervorragendes TMS-Ergebnis eine sehr hohe Bonierung auf die Abiturnote zu gewähren. So können die zehn Prozent Testbesten etwa an den Universitäten Erlangen-Nürnberg, Marburg, München und Regensburg einen Bonus von 0,8 auf die Abiturnote erhalten. Wer zu den 20 Prozent Testbesten, 30 Prozent Testbesten und 40 Prozent Testbesten zählt, erhält niedrigere Bonierungen von 0,6, 0,4 und 0,2.

So kann Studieninteressenten mit einem Abitur, das nicht im vorderen Einser-Bereich liegt, nur geraten werden, den TMS zu absolvieren, aber ausschließlich dann, wenn sie hervorragend vorbereitet sind und sich am Testtag fit fühlen. Eine Korrektur des Ergebnisses ist nicht möglich.

Es ist allerdings nur dann sinnvoll, am TMS teilzunehmen, wenn die Durchschnitts-note des Abiturs nicht weit entfernt ist von den erforderlichen Durchschnittsnoten der vorherigen Vergabeverfahren. Wer also ein Abitur mit 2,8 gemacht hat, wird auch mit 2,0 normalerweise keine Chance auf einen Medizinstudienplatz bekommen.

Der Studierfähigkeitstest HAM-Nat – Hamburger Auswahlverfahren für medizini-sche Studiengänge – Naturwissenschaftsteil

Er wurde von der Universität Hamburg eingeführt und ist auf die Kenntnisse in den Schulfächern Chemie, Physik, Biologie und Mathematik und ihren Bezug zu medi-zinischen Fragestellungen ausgerichtet. Der HAM-Nat findet auch einmal jährlich statt, ist im Gegensatz zum TMS aber wiederholbar. Das Ergebnis gilt immer für das Jahr, in dem der Test absolviert wurde. Eingeladen zum HAM-Nat wurden 2013 für Humanmedizin 1 250 Studieninteressenten und für Zahnmedizin 223 Studieninteres-senten. Es fand eine Vorauswahl nach 1. Ortspräferenz und Abiturnote statt: Eingela-den wurden diejenigen, die Hamburg an die 1. Ortspräferenz gesetzt hatten und bei der Bewerbung für Humanmedizin eine Abiturdurchschnittsnote von 1,9 hatten, bei Zahnmedizin eine Abiturnote von 2,2. (Der Grenzwert der Abiturdurchschnittsnote ergibt sich aus der Zahl und den Noten der Bewerber und wird nie vorher festgelegt.)

Auch die Charité – Universitätsmedizin Berlin und die Universität Magdeburg ver-wenden den HAM-Nat und führen ihn vor Ort durch. Für die Bewerbung in Hamburg kann aber nicht das Ergebnis der dort absolvierten Tests verwendet werden.

Zur Vorbereitung gibt es auf der Homepage der Universität Hamburg einen Selbst-test unter: *www.uke.de/studierende/index_41429.php* (Pfad »Studienbewerber«, »Aus-wahlverfahren«, »Vorbereitung auf den HAM-Nat«, »zum Selbsttest«)

und einen Themenkatalog zum HAM-Nat 2013 an derselben Stelle unter »Themen-katalog HAM-Nat 2013«

Die Universität Hamburg vergibt 115 Studienplätze nach Abiturnote und dem Ergebnis des HAM-Nat. Anschließend werden weitere 115 Studienplätze nach einem Auswahlgespräch – dem sogenannten HAM-Int – vergeben. Es werden hierzu 200 Studieninteressentinnen und -interessenten anhand der Rangliste aus Abiturnote / HAM-Nat-Ergebnis eingeladen. Für die Vorbereitung zum Auswahlgespräch s. S. 62 ff.

Da der HAM-Nat nur für die Bewerbung in Hamburg verwendet werden kann und Hamburg als 1. Ortspräferenz bedingt, ist die Teilnahme nur denjenigen zu empfehlen, die in der Oberstufe einen Schwerpunkt auf die naturwissenschaftlichen Fächer gelegt hatten und unbedingt in Hamburg studieren möchten.

Für die Bewerbung in Berlin und Magdeburg, wo ebenfalls der HAM-Nat vor Ort durchgeführt und die 1. Ortspräferenz in der Wunschortsrangliste verlangt wird, gilt das Gleiche: Er ist nur Studieninteressierten zu empfehlen mit fundierten mathematisch-naturwissenschaftlichen Kenntnissen und mit starkem Studienwunsch Berlin bzw. Magdeburg.

Für die Einladung zum HAM-Nat 2013 in Berlin war in der Vorauswahl nach Abiturnote ein Schnitt von 1,6 für Humanmedizin und von 2,0 für Zahnmedizin erforderlich.

Der TMS sollte unter allen Studierfähigkeitstests die erste Wahl sein, denn ein hervorragendes Ergebnis kann in die Zulassungsverfahren von über 15 Studienorten eingebracht werden.

Der Münsteraner Studierfähigkeitstest

Der dritte Studierfähigkeitstest in der Medizin ist der Münsteraner Studierfähigkeitstest. Um nach Münster eingeladen zu werden, muss zuerst die Vorauswahl nach Abiturnote überstanden werden. Es werden für den Test doppelt so viele Interessenten eingeladen wie Studienplätze zur Verfügung stehen. Der Grenzwert für die Einladung lag zum Sommersemester 2013 für Humanmedizin bei 1,5 und für Zahnmedizin bei 1,7 und zum Wintersemester 2013 / 14 für Humanmedizin bei 1,2 und für Zahnmedizin bei 1,7. Ist diese Hürde genommen, wird anschließend zuerst ein Bewerbungsschreiben bzw. Motivationsschreiben verlangt, in das auch erste berufspraktische Erfahrungen, Preise und weitere besondere persönliche Qualifikationen eingebracht werden können.

Zweiter Bestandteil des Auswahlverfahrens ist ein medizinischer Verständnistest, der sowohl Kenntnisse in den Schulfächern Chemie, Biologie, Physik, Mathematik und Englisch als auch – wie der TMS – das räumliche Vorstellungsvermögen, Merk-

und Konzentrationsfähigkeit und das medizinisch-naturwissenschaftliche Grundverständnis prüft. Er wird vor Ort an Computern als Multiple-Choice-Test absolviert.

Dritter Bestandteil des Münsteraner Tests ist ein Multiple-Mini-Interview-Verfahren (MMI). Hier handelt es sich nicht um ein Auswahlgespräch vor einem mehrköpfigen Gremium, sondern um mehrere kürzere Gespräche mit einem oder mehreren Mitgliedern der Auswahlkommission.

Fazit: Aufgrund der sehr strengen Vorauswahl nach Abiturnote und der Bedingung, Münster als 1. Ortspräferenz zu wählen, ist der Test nur eingefleischten Münster-Fans zu empfehlen. Ein hervorragender TMS bietet wesentlich mehr Möglichkeiten.

Das Auswahlgespräch

Mehrere Hochschulen laden nach einer Vorauswahl zum mündlichen Auswahlverfahren an die Hochschule ein. Mündliches Auswahlverfahren heißt, man sitzt einer Gruppe von Personen gegenüber, die Fragen stellen. Die Fragen beziehen sich auf folgende fünf Bereiche:
1. Fragen zur Motivation und zu den Voraussetzungen für das Studium
2. Fragen zur Wahl gerade dieser Hochschule
3. Naturwissenschaftlich-medizinische Grundkenntnisse auf der Grundlage des Abiturwissens
4. Allgemeinbildung
5. Persönlichkeit des Bewerbers

Auf dieses Auswahlgespräch können Sie sich mithilfe dieses Buches gründlich vorbereiten. Im Kapitel »Studienplatzvergabe mit Auswahlgespräch« sind praktisch alle Fragen aufgeführt, bei denen es um die Motivation für das Studium oder für den Hochschulort geht. Wenn Sie mit diesem Buch entsprechend üben, werden Sie für das Vorstellungsgespräch hervorragend präpariert sein.

Es bleiben noch zwei Fragen offen: Was ist, wenn man trotz aller Bemühungen keinen Medizinstudienplatz bekommen hat? Und: Gibt es die Möglichkeit des Quereinstiegs?

Wenn man keinen Studienplatz bekommen hat, besteht die Möglichkeit, sich nach Ablauf des Nachrückverfahrens von *hochschulstart.de* bei den Losverfahren zu bewerben, die viele Universitäten anbieten. In diesen Losverfahren werden alle noch nicht besetzten Studienplätze vergeben, unabhängig von Abiturnote, Wartezeit und sonstigen Qualifikationen. Eine vorherige Bewerbung bei *hochschulstart.de* ist auch nicht erforderlich. Ob eine Hochschule ein Losverfahren anbietet und wie man sich hierfür anmeldet (online, per Postkarte, in einem bestimmten Zeitraum u. a.), erfährt man auf der Hochschul-Homepage unter » Bewerbung und Zulassung « oder auf den Webseiten der Medizinischen Fakultät.

Ansonsten bleibt nichts anderes übrig, als sich ein Semester später erneut für den Medizinstudienplatz zu bewerben. Damit wird, wenn man kein anderes Fach studiert, die Wartezeit verbessert. Sie müssen sich also genau überlegen, ob Sie dazu bereit sind – derzeit zwölf Semester in Humanmedizin – zu warten, ohne dabei ein anderes Fach zu studieren, und ob Sie die Zeit sinnvoll überbrücken können. Außerdem besteht die Möglichkeit, sich an einer ausländischen Hochschule zu bewerben mit allerdings etlichen bürokratischen Formalitäten: Sprachtests und in der Regel auch ein Auswahlverfahren.

Wer im eigenen Land bleiben will, hat dann noch folgende Möglichkeiten: ein artverwandtes Fach studieren, um dann nach ein oder zwei Semestern und unter Anrechnung von in diesem Fach erbrachten Studienleistungen, die auch für das Medizinstudium gefordert werden, in das zweite respektive dritte Fachsemester Medizin einzusteigen. Allerdings gibt es auch hier Hürden, da viele Hochschulen auch für das zweite und dritte Semester Zulassungsbeschränkungen haben.

Eine zweite Option stellt eine Bewerbung bei der privaten Universität Witten-Herdecke (www.uni-wh.de) dar. Voraussetzung für die Bewerbung ist ein sechsmonatiges Pflegepraktikum, wovon zwei Monate auch als Forschungspraktikum abgeleistet werden können, und das Bestehen eines umfangreichen Auswahlverfahrens. Da es sich um eine private Universität handelt, werden Studiengebühren erhoben.

Eine weitere Möglichkeit wäre, sich in einen Studienplatz einzuklagen. Dies soll aber in diesem Buch nicht ausführlich thematisiert werden. Sich einklagen heißt, der Hochschule nachzuweisen, dass sie noch freie Plätze im ersten Semester hat. Dafür gibt es Rechtsexperten, die Interessenten hierüber beraten, allerdings haben viele nicht die finanziellen Mittel für deren Honorare.

Die Auswahlgrenzen

Auswahlgrenzen nach der Abiturnote zum Wintersemester 2013 / 14

Bundesland, in dem das Abitur erworben wurde	Medizin	Zahn-medizin	Tier-medizin	Pharmazie
Baden-Württemberg	1,0	1,2	1,3 (2)	1,3
Bayern	1,0	1,3 (2)	1,3	1,4
Berlin	1,1	1,3	1,6 (2)	1,4
Brandenburg	1,0	1,2 (2)	1,1	1,2
Bremen	1,0	1,1	1,4	1,4
Hamburg	1,1	1,3	1,4 (2)	1,5
Hessen	1,0	1,1	1,3 (2)	1,3
Mecklenburg-Vorpommern	1,0	1,1	1,2	1,3
Niedersachsen	1,1	1,2	1,5 (2)	1,6
Nordrhein-Westfalen	1,0	1,2	1,3	1,3
Rheinland-Pfalz	1,0	1,2 (1)	1,4 (1)	1,5 (1)
Saarland	1,0	1,2 (1)	1,5	1,3 (2)
Sachsen	1,0	1,3 (2)	1,4	1,3
Sachsen-Anhalt	1,0	1,2	1,4	1,3
Schleswig-Holstein	1,2 (2)	1,3 (2)	1,7	1,6
Thüringen	1,0	1,0	1,2	1,1

Quelle: Homepage von *hochschulstart.de*

Als zusätzliches Entscheidungskriterium wird bei gleicher Durchschnittsnote die Wartezeit hinzugezogen. 1,3 (2) bedeutet demnach, dass alle Bewerber / -innen aus diesem Bundesland mit einer Abiturdurchschnittsnote von 1,2 einen Studienplatz erhielten und mit der Note 1,3 nur diejenigen, die eine Wartezeit von 2 Halbjahren / Semestern vorweisen konnten.

Bei der Studienplatzvergabe nach Abiturnote können Bewerber / -innen sechs Studienorte (in der gewünschten Reihenfolge von 1 bis 6) nennen, an denen sie zugelassen werden wollen. Eine Zulassung für eine Universität, die nicht in der Liste der gewünschten Orte aufgeführt wird, ist nicht möglich. Wer nur stark nachgefragte Hochschulen bei den sechs Ortswünschen angibt, gerät in Gefahr, in dieser Quote überhaupt nicht berücksichtigt zu werden. Wer über die Abiturnote ausgewählt wurde, aber aufgrund der Ortsangabe scheiterte, kann jedoch in den zwei weiteren Verfahren (Wartezeit / Auswahlverfahren der Hochschulen) berücksichtigt werden.

Auswahlgrenzen nach Wartezeit zum Wintersemester 2013 / 14

Studiengang	Wartezeit in Halbjahren
Humanmedizin	12 (2,2)
Zahnmedizin	12 (3,3)
Tiermedizin	12 (3,4)
Pharmazie	2 (1,9)

Quelle: Homepage von *hochschulstart.de*

Die Abiturnote (in Klammern) spielt dann eine Rolle, wenn sie bei gleicher Wartezeit als zusätzliches Auswahlkriterium hinzugezogen wird. Bei den Angaben für Humanmedizin »12 (2,2)« bedeutet das etwa, dass alle diejenigen einen Studienplatz erhielten, die dreizehn und mehr Semester gewartet hatten, und all diejenigen, die zwölf Semester gewartet und eine Durchschnittsnote von 2,2 und besser hatten.

Diejenigen, die Wartesemester angesammelt haben und über diesen Weg an den Studienplatz gelangen, können ebenfalls sechs mögliche Studienorte in diesem Fach nennen. Haben sich unter den über die Wartezeit ausgewählten Personen mehr Interessenten für einen Studienort gemeldet, als dort aufgenommen werden können, sind soziale Kriterien maßgeblich. Die Bewerber / -innen werden hierzu in fünf Gruppen eingeteilt, wobei Gruppe eins die günstigste ist, um den gewünschten Studienort zu erhalten, und Gruppe fünf die ungünstigste.

Gruppe eins sind Schwerbehinderte, Gruppe zwei Personen, die am gewünschten Ort verheiratet sind oder Kinder erziehen, zu Gruppe drei gehören all diejenigen, die wichtige Gründe für einen Hochschulort geltend machen können (etwa ehrenamtliche Tätigkeit, Mithilfe im elterlichen Betrieb, Leistungssport am Hochschulort, Pflege eines kranken Familienangehörigen, aber auch der Umstand, dass bereits Geschwister auswärts studieren und die Eltern nicht in der Lage sind, ein weiteres auswärtiges Studium zu finanzieren). Gruppe vier umfasst die Personen, die im Umfeld des gewünschten Studienortes wohnen, und Gruppe fünf sind die übrigen.

Für die dritte Quote » Auswahlverfahren der Hochschulen « gibt *hochschulstart.de* auch eine Übersicht über die aktuellen Grenzwerte. Allerdings ist diese unvollständig, und viele Hochschulen, die nach mehreren Auswahlkriterien und häufig mit einem eigenen Punktesystem auswählen, haben den aktuellen Grenzwert nicht eingestellt. In der Übersicht ist dann ein » H « für » Auswahl durch die Hochschule « vermerkt. In diesem Fall ist es notwendig, sich auf der jeweiligen Hochschul-Homepage weiter zu informieren oder sich im Studierendensekretariat der jeweiligen Hochschule die nötigen Informationen zu beschaffen.

Die Auswahlverfahren für die medizinischen Fächer und Pharmazie auf einen Blick:

Humanmedizin (Abschluss Staatsexamen)

(Quelle: *hochschulstart.de-Magazin zur Studienplatzbewerbung* Wintersemester 2014/15, Homepage von *hochschulstart.de* und eigene Recherchen)

Hochschule	Vorauswahl durch *hochschulstart.de*	Auswahlverfahren der Hochschule
TU Aachen	Vorauswahl nach Ortspräferenz 1 bis 3	Auswahl nach Abiturdurchschnittsnote
Charité-Universitätsmedizin Berlin	Vorauswahl nach Ortspräferenz 1 und bis Abiturnote 2,3	Die Hochschule wählt aus nach einer Verbindung von Abiturdurchschnittsnote und dem Ergebnis des Tests HAM-Nat.
U Bochum	Keine	Auswahl nach der Abiturdurchschnittsnote und Ergebnis des TMS
U Bonn	Keine	Auswahl nach Abiturdurchschnittsnote
TU Dresden	Vorauswahl nach Ortspräferenz 1 und Abiturnote	Die Hochschule führt eine erste Auswahl durch nach Abiturdurchschnittsnote, den Noten in Mathematik, Physik, Chemie, Biologie, einer Berufsausbildung bzw. -tätigkeit, Praktika und Diensten. Anschließend erfolgt die Auswahl durch ein Auswahlgespräch.
U Duisburg-Essen, Campus Essen	Vorauswahl nach Ortspräferenz 1 und Abiturdurchschnittsnote	Die Hochschule wählt aus nach den Kriterien Abiturdurchschnittsnote und Auswahlgespräch.
U Düsseldorf	Keine	Auswahl nach Abiturdurchschnittsnote
U Erlangen-Nürnberg	Keine	Auswahl nach Abiturdurchschnittsnote, nach einschlägiger Berufsausbildung (Bonus von 0,1) und dem Ergebnis des TMS (Bonus von 0,8 auf die Abiturnote für die 10 Prozent Testbesten, 0,6 Bonus für die 20 Prozent Testbesten, 0,4 Bonus für die 30 Prozent Testbesten, 0,2 Bonus für die 40 Prozent Testbesten).
U Frankfurt/Main	Vorauswahl nach Ortspräferenz 1 und Abiturdurchschnittsnote 2,0	Auswahl nach Abiturdurchschnittsnote, der Einbeziehung der Noten in Mathematik, Physik, Biologie, Chemie, Geschichte oder einer Fremdsprache in der schriftlichen Abiturprüfung (die zwei besten Resultate werden verwendet) und der Ableistung eines Krankenpflegedienstes.

Hochschule	Vorauswahl durch *hochschulstart.de*	Auswahlverfahren der Hochschule
U Freiburg	Vorauswahl nach Ortspräferenz 1 und 2	Die Hochschule wählt aus nach den Kriterien Abiturdurchschnittsnote, abgeschlossene Berufsausbildung und evtl. anschließende Berufstätigkeit (Bonus pro Halbjahr 0,1, max. Steigerung um 0,5 möglich), erfolgreiche Teilnahme an einem naturwissenschaftlichen Landes- oder Bundeswettbewerb (Bonus 0,2), nach Ableistung eines Dienstes (Bonus 0,1 für 9 Monate, 0,2, für 18 Monate) und dem Ergebnis des Tests für Medizinische Studiengänge (TMS) (Bonus von 0,5 für die 10 Prozent Testbesten, Bonus von 0,3 für die bis zu 30 Prozent Testbesten).
U Gießen	Vorauswahl nach Abiturnote 2,3	Auswahl nach Abiturdurchschnittsnote, den Noten in Mathematik, Physik, Chemie und Biologie in der Oberstufe und der Abiturprüfung. 6 Prozent werden nach Abiturnote und einer abgeschlossenen Berufsausbildung vergeben.
U Göttingen	Vorauswahl nach Ortspräferenz 1	Vorauswahl nach Abiturnote, abgeschlossener einschlägiger Ausbildung (Bonus von 0,3) und dem TMS (Bonus von 0,5 für die 10 Prozent Testbesten, 0,4 für die 20 Prozent Testbesten, 0,3 für die 30 Prozent Testbesten, 0,2 für die 40 Prozent Testbesten). Anschließend erfolgt die Auswahl nach einem Auswahlgespräch.
U Greifswald	Vorauswahl nach Ortspräferenz 1 und Abiturdurchschnittsnote 2,5	Die Hochschule wählt für 20 Prozent der Studienplätze aus nach Abiturdurchschnittsnote, der Belegung von Einzelfächern in der Oberstufe als Grund- und Leistungskurse (Chemie, Physik, Biologie, Mathematik) und berufspraktischen Erfahrungen bzw. alternativ 60 ECTS-Punkten aus einem naturwissenschaftlichen, mathematisch-informatischen oder ingenieurwissenschaftlichen Bachelorstudiengang. 80 Prozent der Studienplätze werden nach einem Auswahlgespräch vergeben.
U Halle-Wittenberg	Vorauswahl nach Ortspräferenz 1 bis 3	Die Hochschule wählt aus nach den Kriterien Abiturdurchschnittsnote, einer abgeschlossenen einschlägigen Berufsausbildung (Bonus von 0,1) und dem TMS, sofern das Ergebnis besser ist als die Abiturdurchschnittsnote.

Hochschule	Vorauswahl durch hochschulstart.de	Auswahlverfahren der Hochschule
U Hamburg	Vorauswahl nach Ortspräferenz 1	Auswahl von etwa 50 Prozent der Studienplätze nach Abiturdurchschnittsnote und dem Ergebnis des HAM-Nat (Hamburger Auswahlverfahren für medizinische Studiengänge – Naturwissenschaftsteil). Auswahl weiterer etwa 50 Prozent der Studienplätze anschließend nach Auswahlgespräch.
Medizinische Hochschule Hannover	Vorauswahl nach Ortspräferenz 1 und Durchschnittsnote (Einbeziehung von dreimal so viel Bewerber/-innen wie Studienplätze vorhanden sind	Auswahl nach Abiturdurchschnittsnote und Auswahlgespräch
U Heidelberg	Vorauswahl nach Ortspräferenz 1	Die Hochschule wählt aus nach den Kriterien Abiturdurchschnittsnote, Test für Medizinische Studiengänge (TMS), einschlägige Berufsausbildung, Leistungen in bildungsbezogenen Wettbewerben auf Bundesebene bzw. Mitgliedschaft in der Nationalmannschaft einer olympischen Disziplin und abgeleisteter Dienst.
U Heidelberg / Medizinische Fakultät Mannheim	Vorauswahl nach Ortspräferenz 1 und 2	Auswahl nach Abiturnote, TMS, einschlägiger Berufsausbildung, Leistungen in bildungsbezogenen Wettbewerben auf Bundesebene, Mitgliedschaft in der Nationalmannschaft einer olympischen Disziplin und einem Dienst.
U Jena	Vorauswahl nach Ortspräferenz 1 und 2 und Abiturdurchschnittsnote	Die Hochschule wählt aus nach den Kriterien Abiturdurchschnittsnote, einschlägige abgeschlossene Berufsausbildung und Einzelnoten in Mathematik und Deutsch in der Oberstufe.
U Kiel	Keine	Auswahl nach Abiturdurchschnittsnote
U Köln	Keine	Auswahl nach Abiturdurchschnittsnote
U Leipzig	Vorauswahl nach Ortspräferenz 1	Die Hochschule wählt aus nach den Kriterien Abiturdurchschnittsnote und TMS, sofern er besser ist als die Abiturdurchschnittsnote. 10 Prozent der Studienplätze werden nach Abiturnote und einer einschlägigen abgeschlossenen Berufsausbildung vergeben.
U Lübeck	Vorauswahl nach Ortspräferenz 1	Vorauswahl nach Abiturdurchschnittsnote, abgeschlossenem einschlägigen Ausbildungsberuf (Bonus von 0,4) und dem TMS (Bonus von 0,4 für ein Testergebnis von 2,5 und besser). Anschließend Vergabe der Studienplätze nach einem Auswahlgespräch.

Hochschule	Vorauswahl durch *hochschulstart.de*	Auswahlverfahren der Hochschule
U Magdeburg	Vorauswahl nach Ortspräferenz 1 und Abiturdurchschnittsnote	Auswahl nach Abiturnote und nach Abiturnote in Verbindung mit dem Test HAM-Nat.
U Mainz	Vorauswahl nach Ortspräferenz 1 bis 3	Auswahl nach Abiturdurchschnittsnote oder Durchschnittsnote und dem Ergebnis des TMS, sofern die Abiturnote verbessert wird (Gewichtung 51 : 49). Für eine abgeschlossene Berufsausbildung wird ein Bonus von 0,4 auf die Abiturnote gewährt.
U Marburg	Keine	Auswahl nach Abiturdurchschnittsnote und einer abgeschlossenen einschlägigen Berufsausbildung (Bonus von 0,3) oder dem TMS (Bonus von 0,8 auf die Abiturnote für einen Prozentwert ab 90 Prozent, 0,6 Bonus für einen Prozentwert von 80–89 Prozent, 0,4 Bonus für einen Prozentwert von 70–79 Prozent, 0,2 Bonus für einen Prozentwert von 60–69 Prozent). Bei Bewerbern / Bewerberinnen mit Berufsausbildung und TMS wird das jeweils günstigere Ergebnis eingebracht.
U München	Keine	Auswahl nach Abiturdurchschnittsnote und einer abgeschlossenen einschlägigen Berufsausbildung (Bonus von 0,3) oder dem TMS (Bonus von 0,8 auf die Abiturnote für einen Prozentwert ab 90 Prozent, 0,6 Bonus für einen Prozentwert von 80–89 Prozent, 0,4 Bonus für einen Prozentwert von 70–79 Prozent, 0,2 Bonus für einen Prozentwert von 60–69 Prozent). Bei Bewerbern / Bewerberinnen mit Berufsausbildung und TMS wird das jeweils günstigere Ergebnis eingebracht.
U Münster	Vorauswahl nach Ortspräferenz 1	Auswahl nach Abiturdurchschnittsnote und Münsteraner Studierfähigkeitstest
U Oldenburg	Vorauswahl nach Ortspräferenz 1	Auswahl nach Abiturdurchschnittsnote und TMS und einer abgeschlossenen einschlägigen Berufsausbildung (Bonus von 0,5)
U Regensburg	Keine	Die Hochschule wählt aus nach Abiturdurchschnittsnote, einer abgeschlossenen einschlägigen Berufsausbildung (Bonus von 0,1), einem Dienst (Bonus von 0,1), sportlichen Leistungen (Bonus von 0,1) und dem Ergebnis des TMS (Bonus von 0,8 bei einem Prozentrang von 90 und höher, 0,6 bei einem Prozentrang von 80 bis ausschließlich 90, 0,4 bei einem Prozentrang von 70 bis ausschließlich 80, 0,2 bei einem Prozentrang von 60 bis ausschließlich 70).

Hochschule	Vorauswahl durch *hochschulstart.de*	Auswahlverfahren der Hochschule
U Rostock	Vorauswahl nach Ortspräferenz 1 bis 3 und Abiturdurch- schnittsnote 2,3	Vergabe von 60 Prozent der Plätze nach Abiturdurchschnittsnote und der Belegung der Fächer Biologie, Chemie, Deutsch, Mathematik und Physik in den letzten vier Halbjahren. Die weiteren 40 Prozent werden nach einem Auswahlgespräch vergeben.
U Saarbrücken in Homburg	Keine	Auswahl nach Abiturdurchschnittsnote
U Tübingen	Vorauswahl nach Ortspräferenz 1 und Durchschnitts- note 2,5	Die Hochschule wählt aus nach den Kriterien Abiturdurchschnittsnote, dem Ergebnis des TMS (Bonus von 0,6 für die zehn Prozent Testbesten, 0,4 für die drei- ßig Prozent Testbesten, 0,2 für die fünfzig Prozent Testbesten), einem Dienst (Bonus von 0,1 für sechs Monate Dienst, 0,2 für 11 Monate), einer einschlägigen Berufs- ausbildung / -tätigkeit (Bonus pro Halbjahr 0,1, max. 0,5) und Leistungen in Landes- und Bundeswettbewerben (Bonus von 0,4).
U Ulm	Vorauswahl nach Durchschnittsnote bis 2,5	Die Hochschule wählt für 50 Prozent der Plätze aus nach der Abiturdurchschnittsnote und einschlägiger praktischer Tätigkeit (etwa bei Ausbildung Bonus 0,3, für sechs Monate praktische Tätigkeit 0,1). Weitere 50 Prozent der Studienplätze werden nach Abiturnote und dem Ergebnis des TMS in einer Gewichtung von 51 zu 49 Prozent vergeben.
U Würzburg	Keine	Auswahl nach Abiturdurchschnittsnote, einer einschlägigen Berufsausbildung (Bonus von 0,2), einem Dienst (Bonus von 0,1), einer Auszeichnung bei Wettbewer- ben auf Bundes- und Landesebene (Bonus von 0,2) und dem Ergebnis des TMS (Bonus 0,6 bei einem Prozentrang von 96 und höher, 0,5 bei einem Prozentrang von 92 bis ausschließlich 96, 0,4 bei einem Pro- zentrang von 88 bis ausschließlich 92, 0,3 bei einem Prozentrang von 84 bis aus- schließlich 88, 0,2 bei einem Prozentrang von 80 bis ausschließlich 84, 0,1 bei einem Prozentrang von 76 bis ausschließlich 80).

Zahnmedizin (Abschluss Staatsexamen)

(Quelle: *hochschulstart.de-Magazin zur Studienplatzbewerbung* Wintersemester 2014/15, Homepage von *hochschulstart.de* und eigene Recherchen)

Hochschule	Vorauswahl durch *hochschulstart.de*	Auswahlverfahren der Hochschule
TU Aachen	Vorauswahl nach Ortspräferenz 1 bis 3	Auswahl nach der Abiturdurchschnittsnote
Charité-Universitätsmedizin Berlin	Vorauswahl nach Ortspräferenz 1 und Abiturnote 2,3	Die Hochschule wählt nach der Abiturdurchschnittsnote und dem Ergebnis des Tests HAM-Nat aus.
U Bonn	Keine	Auswahl nach Abiturdurchschnittsnote
TU Dresden	Vorauswahl nach Ortspräferenz 1 und 2 und bis Abiturdurchschnittsnote 2,1	Auswahl nach Abiturnote und einschlägiger Berufsausbildung und Berufstätigkeit
U Düsseldorf	Keine	Auswahl nach Abiturdurchschnittsnote
U Erlangen-Nürnberg	Keine	Auswahl nach Abiturdurchschnittsnote, einer einschlägigen Berufsausbildung (Bonus von 0,1) und dem TMS-Ergebnis (Bonus von 0,8 für die besten 10 Prozent der Absolventen, Bonus von 0,6 mit dem Ergebnis schlechter als 10 Prozent bis einschließlich 20 Prozent, Bonus von 0,4 mit dem Ergebnis schlechter als 20 Prozent bis einschließlich 30 Prozent, Bonus von 0,2 bei einem Ergebnis schlechter als 30 Prozent bis einschließlich 40 Prozent).
U Frankfurt / Main	Vorauswahl nach Ortspräferenz 1 und 2 bis Durchschnittsnote 2,2	Auswahl nach Abiturdurchschnittsnote, der Einbeziehung der Noten in Mathematik, Physik, Biologie, Chemie, Geschichte oder einer Fremdsprache in der schriftlichen Abiturprüfung (die zwei besten Resultate werden verwendet) und nach der Ableistung eines Krankenpflegedienstes oder einer Famulatur in einer zahnärztlichen Praxis oder einem zahntechnischen Labor.
U Freiburg	Keine	Die Hochschule führt das Auswahlverfahren durch nach den Kriterien Abiturdurchschnittsnote, abgeschlossene Berufsausbildung und evtl. anschließende Berufstätigkeit (Bonus pro Halbjahr 0,1, max. Steigerung um 0,5 möglich), erfolgreiche Teilnahme an einem naturwissenschaftlichen Landes- oder Bundeswettbewerb (Bonus 0,2), nach Ableistung eines Dienstes (Bonus 0,1 für 9 Monate, 0,2, für 18 Monate) und dem Ergebnis des Tests für Medizinische Studiengänge (TMS) (Bonus von 0,5 für die 10 Prozent Testbesten, Bonus von 0,3 für die bis zu 30 Prozent Testbesten).

Hochschule	Vorauswahl durch *hochschulstart.de*	Auswahlverfahren der Hochschule
U Gießen	Vorauswahl nach Abiturnote 2,3	Auswahl nach Abiturdurchschnittsnote, den Noten in Mathematik, Physik, Chemie und Biologie in der Oberstufe und der Abiturprüfung. 6 Prozent werden nach Abiturnote und einer abgeschlossenen Berufsausbildung vergeben.
U Göttingen	Vorauswahl nach Ortspräferenz 1	Vorauswahl nach Abiturdurchschnittsnote, abgeschlossener einschlägiger Berufsausbildung (Bonus von 0,3) und TMS-Ergebnis (Bonus von 0,5 für die 10 Prozent Testbesten, 0,4 für die 20 Prozent Testbesten, 0,3 für die 30 Prozent Testbesten, 0,2 für die 40 Prozent Testbesten). Anschließend erfolgt die Auswahl nach Abiturnote und einem Auswahlgespräch (Gewichtung von Abiturnote und Auswahlgespräch von 51 zu 49 Prozent).
U Greifswald	Vorauswahl nach Ortspräferenz 1 und Abiturdurchschnittsnote 2,5	Die Hochschule wählt für 20 Prozent der Studienplätze aus nach Abiturdurchschnittsnote, der Belegung von Einzelfächern in der Oberstufe als Grund- und Leistungskurse (Chemie, Physik, Biologie, Mathematik) und berufspraktischen Erfahrungen bzw. alternativ 60 ECTS-Punkten aus einem naturwissenschaftlichen, mathematisch-informatischen oder ingenieurwissenschaftlichen Bachelorstudiengang. 80 Prozent der Studienplätze werden nach einem Auswahlgespräch vergeben.
U Halle-Wittenberg	Vorauswahl nach Ortspräferenz 1 bis 3	Die Hochschule wählt aus nach Abiturdurchschnittsnote, in Kombination mit dem TMS-Ergebnis, sofern es besser ist als die Abiturnote, und einer einschlägigen Berufsausbildung (Bonus von 0,2).
U Hamburg	Vorauswahl nach Ortspräferenz 1	Auswahl nach Durchschnittsnote und dem Ergebnis des HAM-Nat (Hamburger Auswahlverfahren für medizinische Studiengänge – Naturwissenschaftsteil) und des HAM-Man (Anfertigung einer Arbeitsprobe)
Medizinische HS Hannover	Vorauswahl nach Ortspräferenz 1 und Abiturdurchschnittsnote, es werden zweimal so viele Bewerber/-innen ausgewählt wie Studienplätze vorhanden sind.	Auswahl nach Durchschnittsnote und Auswahlgespräch

Hochschule	Vorauswahl durch *hochschulstart.de*	Auswahlverfahren der Hochschule
U Heidelberg	Vorauswahl nach Ortspräferenz 1 und 2	Die Hochschule wählt aus nach den Kriterien Abiturnote, Ergebnis des Tests für Medizinische Studiengänge (TMS), abgeschlossene einschlägige Berufsausbildung oder einschlägige Berufstätigkeit, Leistungen bei Wettbewerben auf Bundesebene und Ableistung von Diensten.
U Jena	Vorauswahl nach Ortspräferenz 1 und 2 und Abiturdurchschnittsnote	Die Hochschule wählt aus nach den Kriterien Abiturdurchschnittsnote, einschlägige abgeschlossene Berufsausbildung und Einzelnoten in Mathematik und Deutsch in der Oberstufe.
U Kiel	Keine	Auswahl nach Abiturdurchschnittsnote
U Köln	Keine	Auswahl nach Abiturdurchschnittsnote
U Leipzig	Vorauswahl nach Ortspräferenz 1 und 2	Die Hochschule wählt aus nach den Kriterien Abiturdurchschnittsnote und TMS, sofern er besser ist als die Abiturdurchschnittsnote (Gewichtung Abiturnote und TMS 60 zu 40 Prozent).
U Mainz	Vorauswahl nach Ortspräferenz 1 bis 3	Auswahl nach Abiturdurchschnittsnote und Ergebnis des TMS, sofern er besser ist als die Abiturnote (Gewichtung $51 : 49$)
U Marburg	Keine	Auswahl nach Abiturdurchschnittsnote
U München	Keine	Auswahl nach Abiturdurchschnittsnote und einer abgeschlossenen einschlägigen Berufsausbildung (Bonus von 0,3)
U Münster	Vorauswahl nach 1. Ortspräferenz	Auswahl nach Abiturdurchschnittsnote und Münsteraner Studierfähigkeitstest
U Regensburg	Keine	Die Hochschule wählt aus nach Abiturdurchschnittsnote, einer abgeschlossenen einschlägigen Berufsausbildung (Bonus von 0,1), einem Dienst (Bonus von 0,1), Preisen auf Bundesebene (Bonus von 0,1), sportlichen Leistungen (Bonus von 0,1) und dem Ergebnis des TMS (Bonus von 0,8 bei einem Prozentrang von 90 und höher, 0,6 bei einem Prozentrang von 80 bis ausschließlich 90, 0,4 bei einem Prozentrang von 70 bis ausschließlich 80, 0,2 bei einem Prozentrang von 60 bis ausschließlich 70).
U Rostock	Vorauswahl nach Ortspräferenz 1 bis 3 und Abiturdurchschnittsnote 2,3	Die Hochschule vergibt 65 Prozent der Studienplätze nach den Kriterien Abiturdurchschnittsnote (Gewichtung 60 Prozent) und Noten der Schulfächer Mathematik, Physik, Biologie, Chemie und Deutsch in den letzten vier Schulhalbjahren (Gewichtung 40 Prozent). 35 Prozent der Studienplätze werden nach dem Ergebnis eines Auswahlgesprächs vergeben.

Hochschule	Vorauswahl durch hochschulstart.de	Auswahlverfahren der Hochschule
U Saarbrücken in Homburg	Keine	Auswahl nach Abiturdurchschnittsnote
U Tübingen	Vorauswahl nach Ortspräferenz 1	Die Hochschule wählt aus nach der Abiturdurchschnittsnote, dem TMS (Bonus von 0,5 auf die Abiturnote für die 10 Prozent Testbesten, 0,3 für die 30 Prozent Testbesten), vergibt 0,1 Bonus für jedes abgeschlossene Halbjahr einer einschlägigen Berufsausbildung und / oder Berufstätigkeit und berücksichtigt Auszeichnungen auf Landes- und Bundesebene mit einem Bonus von 0,4. Auch gibt es für Dienste einen Bonus von 0,1 (6 Monate) oder 0,2 (11 Monate).
U Ulm	Vorauswahl nach Abiturdurchschnittsnote bis 2,5	Die Hochschule wählt für 50 Prozent der Plätze aus nach der Abiturdurchschnittsnote und einschlägiger praktischer Tätigkeit (etwa bei Ausbildung Bonus 0,3, für sechs Monate praktische Tätigkeit 0,1). Weitere 50 Prozent der Studienplätze werden nach Abiturnote und dem Ergebnis des TMS in einer Gewichtung von 51 zu 49 Prozent vergeben.
U Würzburg	Vorauswahl nach Abiturdurchschnittsnote bis 2,5	Auswahl nach Abiturdurchschnittsnote, einer einschlägigen Berufsausbildung (Bonus von 0,2), einem Dienst (Bonus von 0,1), einer Auszeichnung bei Wettbewerben auf Bundes- und Landesebene (Bonus von 0,2) und dem Ergebnis des TMS (Bonus 0,6 bei einem Prozentrang von 96 und höher, 0,5 bei einem Prozentrang von 92 bis ausschließlich 96, 0,4 bei einem Prozentrang von 88 bis ausschließlich 92, 0,3 bei einem Prozentrang von 84 bis ausschließlich 88, 0,2 bei einem Prozentrang von 80 bis ausschließlich 84, 0,1 bei einem Prozentrang von 76 bis ausschließlich 80).

Tiermedizin (Abschluss Staatsexamen)

(Quelle: *hochschulstart.de-Magazin zur Studienplatzbewerbung* Wintersemester 2014/15, Homepage von *hochschulstart.de* und eigene Recherchen)

Hochschule	Vorauswahl durch hochschulstart.de	Auswahlverfahren der Hochschule
FU Berlin	Vorauswahl nach Ortspräferenz 1 und Abiturdurch-schnittsnote bis 2,5	Die Hochschule wählt aus nach der Abitur-durchschnittsnote, der Belegung von Biolo-gie, Chemie und Physik in den letzten vier Schulhalbjahren und der Benotung, einer abgeschlossenen einschlägigen Berufsaus-bildung von mind. zwei Jahren sowie nach dem Ergebnis eines Eignungstests.
U Gießen	Keine	Die Hochschule vergibt 90 Prozent der Studienplätze nach der Abiturdurchschnitts-note und den Punktzahlen der letzten vier Schulhalbjahre und der Abiturpunktzahl in Biologie, Chemie und Physik. 10 Prozent der Studienplätze werden nach der Abi-turdurchschnittsnote in Verbindung mit der Note einer abgeschlossenen einschlägigen Berufsausbildung vergeben.
Tierärztliche HS Hannover	Vorauswahl nach Ortspräferenz 1 und Abiturdurch-schnittsnote 2,5	Die Hochschule wählt aus nach den Kriterien Abiturdurchschnittsnote, Motivationstest, Belegung der Fächer Biologie, Chemie und Physik in der Oberstufe und einer abgeschlossenen einschlägigen Berufsausbildung.
U Leipzig	Vorauswahl nach den Kriterien Ortspräferenz 1 und Abiturdurch-schnittsnote 2,5	Die Hochschule wählt aus nach den Krite-rien Abiturdurchschnittsnote, Einzelnoten in den Fächern Mathematik, Physik, Chemie und Biologie und einer einschlägigen abge-schlossenen Berufsausbildung.
U München	Keine	Die Hochschule wählt aus nach Abitur-durchschnittsnote und nach einer einschlä-gigen abgeschlossenen Berufsausbildung (Bonus von 0,3).

Pharmazie (Abschluss Staatsexamen)

(Quelle: *hochschulstart.de-Magazin zur Studienplatzbewerbung* Wintersemester 2014/15, Homepage von *hochschulstart.de* und eigene Recherchen)

Hochschule	Vorauswahl durch *hochschulstart.de*	Auswahlverfahren der Hochschule
FU Berlin	Vorauswahl nach Ortspräferenz 1 und 2 und Abiturdurchschnittsnote 2,5	Die Hochschule wählt aus nach Abiturdurchschnittsnote, Noten der Leistungskurse Chemie, Deutsch, Mathematik und einem Eignungstest.
U Bonn	Keine	Auswahl nach Abiturdurchschnittsnote
TU Braunschweig	Keine	Die Hochschule wählt aus nach den Kriterien Abiturdurchschnittsnote und Noten in den Fächern Biologie und Chemie, ersatzweise Mathematik und Deutsch, des letzten Halbjahres des letzten Schuljahres. Die Abiturnote wird mit 70 Prozent, die beiden Einzelnoten mit 15 Prozent gewichtet.
U Düsseldorf	Keine	Auswahl nach Abiturdurchschnittsnote
U Erlangen-Nürnberg	Keine	Auswahl nach Abiturdurchschnittsnote und einer einschlägigen abgeschlossenen Berufsausbildung (Bonus von 0,2).
U Frankfurt/Main	Vorauswahl nach 1. Ortspräferenz	Die Hochschule wählt aus nach der Abiturdurchschnittsnote und dem Ergebnis eines Auswahlgespräches.
U Freiburg	Keine	Die Hochschule wählt aus nach der Abiturdurchschnittsnote, einer abgeschlossenen Berufsausbildung bzw. einschlägigen Berufstätigkeit (Bonus von 0,1 je Halbjahr der Ausbildung/Berufstätigkeit, max. Bonus 0,5) und nach der erfolgreichen Teilnahme (1.–3. Preis) an einem naturwissenschaftlichen Landes- oder Bundeswettbewerb (Bonus von 0,5), der Ableistung eines Dienstes (Bonus 0,1 für 9 Monate, 0,2 für 18 Monate).
U Greifswald	Vorauswahl nach Ortspräferenz 1 bis 3 und Abiturdurchschnittsnote 2,5	Die Hochschule wählt aus nach der Abiturdurchschnittsnote, der Belegung (Grundkurs/Leistungskurs) der Fächer Biologie, Chemie, Mathematik und Physik in der Oberstufe.
U Halle-Wittenberg	Keine	Auswahl nach Abiturdurchschnittsnote
U Hamburg	Keine	Auswahl nach Abiturdurchschnittsnote
U Heidelberg	Vorauswahl nach Ortspräferenz 1 und 2	Die Hochschule wählt aus nach den Kriterien Abiturdurchschnittsnote, Durchschnittsnote der Oberstufenkurse Deutsch, Englisch, Mathematik, Physik, Chemie und Biologie sowie einer einschlägigen Berufsausbildung.

Hochschule	Vorauswahl durch hochschulstart.de	Auswahlverfahren der Hochschule
U Jena	Vorauswahl nach Ortspräferenz 1 und 2 und Abiturdurchschnittsnote. Es werden sechsmal so viele Bewerber / -innen zum Auswahlverfahren zugelassen wie Studienplätze zur Verfügung stehen.	Die Hochschule wählt aus nach den Kriterien Abiturdurchschnittsnote, Einzelnoten in der Schule, vor allem in Biologie und Chemie, und einer abgeschlossenen einschlägigen Berufsausbildung.
U Kiel	Keine	Die Hochschule wählt aus nach den Kriterien Abiturdurchschnittsnote und Noten in den Fächern Biologie und Chemie, ersatzweise Mathematik und Deutsch, des zweiten Halbjahres des letzten Schuljahres. Die Abiturnote wird mit 70 Prozent, die beiden Einzelnoten mit je 15 Prozent gewichtet.
U Leipzig	Keine	Auswahl nach Abiturdurchschnittsnote
U Mainz	Vorauswahl nach Ortspräferenz 1 bis 3	Auswahl nach Abiturdurchschnittsnote
U Marburg	Keine	Auswahl nach Abiturdurchschnittsnote
U München	Keine	Auswahl nach Abiturdurchschnittsnote und einer abgeschlossenen Berufsausbildung (Bonus von 0,2)
U Münster	Vorauswahl nach Ortspräferenz 1 und 2	Auswahl nach Abiturdurchschnittsnote
U Regensburg	Keine	Die Hochschule wählt aus nach der Abiturdurchschnittsnote und einer einschlägigen Berufsausbildung (Bonus von 0,1 oder 0,05).
U Saarbrücken	Keine	Die Hochschule wählt aus nach den Kriterien Abiturdurchschnittsnote, Leistungen in einzelnen Abiturprüfungsfächern (Bonus für Chemie, Biologie, Physik, Mathematik von je 0,2, wenn die Note »sehr gut« erzielt wurde) und einer abgeschlossenen Berufsausbildung (Bonus von 0,2 oder 0,1).
U Tübingen	Vorauswahl nach Ortspräferenz 1 bis 3	Die Hochschule wählt nach folgenden Kriterien aus: Abiturdurchschnittsnote, drei Einzelnoten der Fächer Mathematik, Chemie, Physik oder Biologie, geeignete Berufsausbildung für diesen Studiengang und sonstige Leistungen.
U Würzburg	Keine	Die Hochschule wählt aus nach Abiturdurchschnittsnote und einer einschlägigen Berufsausbildung (Bonus von 0,2 oder 0,1).

Wie reiche ich die Bewerbung bei *hochschulstart.de* ein?

Eingeleitet wird die Bewerbung online auf der Homepage unter *www.hochschulstart.de*. Mithilfe von AntOn (Antragstellung online) können Sie Ihre persönlichen Angaben online eintragen, auf Fehler und fehlende Angaben werden Sie vom System sogleich hingewiesen. Auf dem Postweg nachgereicht werden müssen ein unterschriebener Ausdruck des Onlineantrags und die weiteren Belege für die Bewerbung (etwa das beglaubigte Abiturzeugnis). Sind die persönlichen Daten eines Antragstellers elektronisch übermittelt, gilt die Bewerbungsfrist als eingehalten. Für die Einreichung des ausgedruckten Onlineantrags (plus Anlagen) auf dem Postweg bleibt dann noch etwas Zeit. Wer sich zum zweiten oder wiederholten Mal bei *hochschulstart.de* bewirbt, kann unter Nutzung seiner erhaltenen Zugangsdaten (Nutzername / Passwort) auf den alten Datensatz zurückgreifen, ihn aktualisieren und dann für eine erneute Bewerbung verwenden.

Für die Bewerbung sollte auch das für jedes Semester neu aufgelegte *Magazin zur Studienplatzbewerbung* gründlich durchgearbeitet werden. Es kann zum einen auf der *hochschulstart.de*-Homepage heruntergeladen werden, zum anderen ist es erhältlich in den Studienberatungen der Hochschulen, bei den Berufsinformationszentren (BIZ) der Bundesagentur für Arbeit und direkt bei den weiterführenden Schulen ab Mitte April (für das kommende Wintersemester) und ab Mitte Oktober (für das Sommersemester).

Bewerbungsfristen für das Wintersemester sind entweder der **31. Mai** (gilt für sogenannte Alt-Abiturienten, die vor dem 16. Januar desselben Jahres ihr Abitur abgelegt haben) oder der **15. Juli** (gilt für sogenannte Neu-Abiturienten, die zwischen dem 16. Januar und dem 15. Juli desselben Jahres ihr Abiturzeugnis erhalten haben).

Bis zum 31. Mai bzw. 15. Juli (jeweils 24.00 Uhr) müssen die Zulassungsanträge bei *hochschulstart.de* online gestellt sein, die auf dem Postweg zu versendenden Unterlagen (ausgedruckter Online-Antrag mit Unterschrift plus weitere Anlagen) müssen beim Stichtag 31. Mai dann zum **15. Juni**, beim Stichtag 15. Juli dann zum **31. Juli** bei *hochschulstart.de* vorliegen.

Für das **Sommersemester** ist der zentrale Termin der **15. Januar** (24.00 Uhr). Es gibt keine zwei Termine für Alt- und Neu-Abiturienten. Für die Versendung der Unterlagen auf dem Postweg gilt beim Stichtag 15. Januar der **31. Januar**.

Wichtig: Bei vielen Hochschulen müssen zusätzliche Unterlagen (Motivationsschreiben, Unterlagen über Berufsausbildungen /-tätigkeiten, außerschulisches Engagement und vieles mehr) direkt an die jeweilige Hochschule geschickt werden.

Bewerber sollten deshalb auf der *hochschulstart.de*-Homepage *(www.hochschulstart.de)* und auf der Homepage der jeweiligen Hochschule recherchieren, ob und welche Unterlagen zusätzlich zu den *hochschulstart.de*-Bewerbungsunterlagen bei der Hochschule, an deren Auswahlverfahren man teilnehmen möchte, eingereicht werden müssen.

Auch wenn wir versucht haben, das System der Studienplatzvergaben für Humanmedizin, Zahnmedizin, Tiermedizin und für Pharmazie umfassend und übersichtlich zu erläutern – dieses System ist sehr komplex und immer wieder Veränderungen unterworfen. Deshalb bieten die Autoren dieses Buches weitere individuelle Hilfen in Form von telefonischen oder persönlichen Beratungen an. Bei diesen Beratungen können auch das Medizinstudium im Ausland und alternative Studienmöglichkeiten thematisiert werden. Kontaktaufnahme für ein persönliches Beratungsgespräch unter Tel. 06135 / 950067, E-Mail: info@bw-dienste.de.

Das Auswahlverfahren für die 280 Studiengänge im Dialogorientierten Serviceverfahren (DoSV) von *hochschulstart.de*

Mit der Abschaffung der »Zentralstelle für die Vergabe von Studienplätzen (ZVS)« und der Einrichtung der »Stiftung für Hochschulzulassung« – bekannt als *hochschulstart.de* – an ihrer Stelle war die Aufgabe verbunden, ein zentrales System für die Vergabe von Studienplätzen an den meisten deutschen Hochschulen anzubieten. Der Bund stellte 15 Mio. Euro für die Entwicklung eines »Dialogorientierten Serviceverfahrens« durch *hochschulstart.de* bereit, das bereits 2011 zum Einsatz kommen sollte. Wegen technischer Probleme innerhalb dieses Systems, aber auch zwischen dem System und den unterschiedlichen elektronischen Systemen der Hochschulen, wurde der Start verschoben.

Für das Wintersemester 2012 / 2013 wurde ein Testlauf eingerichtet, an dem sich jedoch nur wenige Hochschulen beteiligten.* Nach zuerst 17 Hochschulen und 22 Studiengängen stieg die Anzahl der über dieses Verfahren vergebenen Studiengänge zum Wintersemester 2013 / 14 auf rund 150, zum Wintersemester 2014 / 15 auf rund 280.

Hinter dem *Dialogorientierten Serviceverfahren* steht eine gute Überlegung: Traditionell bricht zu jedem Wintersemester an den über 400 deutschen Hochschulen ein Bewerbungs-Chaos aus. Nicht wenige der geschätzten rund 500 000 Studienplatzbewerber reichen, um ihre Chancen auf einen Studienplatz zu erhöhen, ihre Bewerbung bei mehr als einer Hochschule ein. Das verbessert ihre Chance auf einen Studienplatz ganz erheblich, verursacht aber für die Hochschulen und auch für die Studienbewerber eine chaotische Situation. Wer eine Zulassung von mehreren Hochschulen erhält, darf sich freuen, hat aber dann die Qual der Wahl und muss sich meistens innerhalb einiger Wochen entscheiden. Jede / -r Studienbewerber / -in kann nur einen Studienplatz einnehmen. Aber in der Zeit, bis jemand sich für die Hochschule entschieden hat, werden an den anderen Hochschulen, an denen er oder sie ebenfalls eine Zulassung erhalten hat, die Plätze blockiert. Auf diese Plätze warten wiederum händeringend diejenigen, die noch keinen Studienplatz bekommen haben, und ihn dann möglicherweise erst kurz vor Semesterbeginn oder in Nachrückverfahren erhalten.

Das *Dialogorientierte Serviceverfahren* sieht vor, dass jede / -r Bewerber / -in online bis zu zwölf Wünsche eingeben kann. Die Hochschulen wählen dann nach ihren spezifischen Kriterien die Bewerber aus und benachrichtigen sie über das Portal. Diese können sich dann wiederum online für oder gegen dieses Angebot entscheiden. Wird der Studienplatz angenommen, wird der Name sofort automatisch aus allen anderen Listen gestrichen, und der Bewerber blockiert keine weiteren Studienplätze mehr.

Jeder, der sich für einen Studienplatz bewerben möchte, sollte deshalb vor der Bewerbung auf *www.hochschulstart.de* gehen und sich aktuell informieren, ob eventuell auch Studiengänge des Wunschstudienfaches unter den hier vergebenen Studiengängen zu finden sind. Eine Übersicht über die im DoSV vergebenen Studiengänge kann auch ohne Registrierung eingesehen werden unter *www.hochschulstart.de/dosv* (Pfad: unter Schritt 1 »Studienangebote«, »Bewerbungsportal«, »Studienangebote« und dann »Alle anzeigen«).

Wer sich für einen DoSV-Studiengang bewerben möchte, lässt sich zuerst auf *www. hochschulstart.de/dosv* registrieren. Bewerber / -innen erhalten bei der Registrierung eine Bewerber-Identifikationsnummer (ID) und eine Bewerber-Authentifizierungs-Nummer (BAN). Anschließend erfolgt die Bewerbung für einen Studiengang entweder zentral, das heißt, die Bewerbung geht direkt über das Bewerbungsportal auf *hochschulstart.de*, oder dezentral, das heißt, die Bewerbung erfolgt über das Bewerbungsportal der Hochschule, für die aber die Bewerber-ID und -BAN erforderlich sind. Es können maximal 12 Bewerbungen im zentralen und im dezentralen Verfahren eingereicht werden.

Am Ende des DoSV wird für die Studienplätze ein Losverfahren (sogenanntes Clearingverfahren) angeboten, an dem man auch teilnehmen kann, wenn man sich bislang noch nicht beworben hatte.

Weitere Informationen unter:
Tel. 0180 3122448 und E-Mail: service@hochschulstart.de
und unter *www.hochschulstart.de*, wo der Flyer zum *Dialogorientierten Serviceverfahren* als PDF-Datei heruntergeladen werden kann.

Bewerbungstermine sind im DoSV der 15. Juli und der 15. Januar (jeweils 24.00 Uhr).

*Quelle: Peter Welchering: »Das lange Warten auf die neue ZVS«, in: *Frankfurter Allgemeine Zeitung* (7./8. Januar 2012), Nr. 6, C4, und Nadine Bös: »Zulassungswirrwarr geht weiter«, in: *Frankfurter Allgemeine Zeitung* (18./19. August 2012), Nr. 192, C4.

Berufsausbildung und Praktika als Auswahlkriterien

Berufspraktische Kenntnisse bei *hochschulstart.de*-Studienfächern

In den über *hochschulstart.de* vergebenen Fächern Medizin, Zahnmedizin, Tiermedizin und Pharmazie werden eine einschlägige Berufsausbildung und Berufstätigkeit in den hochschuleigenen Auswahlverfahren an vielen Universitäten mit einbezogen. Dabei sollten Studieninteressenten genau darauf achten, ob im jeweiligen Hochschulauswahlverfahren eine *abgeschlossene* einschlägige Berufsausbildung die Zulassungschancen verbessert oder ob für die Zahl der Halbjahre in einer noch nicht abgeschlossenen Berufsausbildung bzw. einer Berufstätigkeit Bonuspunkte vergeben werden.

Jede Hochschule legt in ihrer Auswahlsatzung fest, welche Berufe sie in ihr Auswahlverfahren mit einbezieht. Dabei kann es von Hochschule zu Hochschule erhebliche Unterschiede geben.

Humanmedizin

Beispiel Universität Leipzig

Die Hochschule wählt aus nach Abiturnote und TMS-Ergebnis (sofern der TMS die Abiturnote verbessert) und vergibt 10 Prozent der Studienplätze in einer eigenen Rangliste nach Abiturnote und einer abgeschlossenen einschlägigen Berufsausbildung. Folgende Berufe werden einbezogen:

- Altenpfleger / -in
- Anästhesietechnische / -r Assistent / -in
- Arzthelfer / -in
- Ergotherapeut / -in
- Gesundheits- und Kinderkrankenpfleger / -in
  (auch Kinderkrankenpfleger / -schwester)
- Gesundheits- und Krankenpfleger/-in
  (auch Krankenpfleger / -schwester)
- Hebamme / Entbindungspfleger
- HNO-Audiologieassistent / -in
- Logopäde / Logopädin
- Medizinische / -r Fachangestellte / -r
- Medizinisch-technische / -r Assistent / -in für Funktionsdiagnostik
- Medizinisch-technische / -r Laboratoriumsassistent / -in
- Medizinisch-technische / -r Radiologieassistent / -in
- Motopäde / Motopädin
- Operationstechnische / -r Angestellte / -r
- Operationstechnische / -r Assistent / -in
- Orthoptist / -in
- Physiotherapeut / -in
- Rettungsassistent / -in
- Zahnmedizinische / -r Fachangestellte / -r

Beispiel Universität Ulm

Durch eine abgeschlossene Berufsausbildung kann im Auswahlverfahren die Abiturdurchschnittsnote um 0,3 verbessert werden, 0,2 Bonus gibt es für eine medizinische

Berufstätigkeit von mindestens zwei Jahren, 0,1 Bonus für eine oder mehrere besondere Vorbildungen oder praktische Tätigkeiten von mindestens sechs zusammenhängenden Monaten Dauer und außerschulische Leistungen und Qualifikationen.
Einbezogen werden folgende Ausbildungen:

- Altenpfleger / -in
- Anästhesietechnische / -r Assistent / -in
- Arzthelfer / -in
- Biologielaborant / -in
- Biologisch-technische / -r Assistent / -in
- Biologisch-technologische / -r Assistent / -in
- Chirurgisch-technische / -r Assistent / -in
- Diätassistent / -in
- Ergotherapeut / -in
- Gesundheits- und Kinderkrankenpfleger / -in
- Gesundheits- und Krankenpfleger / -in
- Gesundheits- und Krankenpflegehelfer / -in
- Gesundheits- und Krankenpflege-Assistent / -in
- Gymnastiklehrer / -in (staatl. geprüft)
- Hebamme / Entbindungspfleger
- Heilerziehungspfleger / -in
- HNO-Audiologieassistent / -in
- Logopäde / Logopädin
- Masseur / -in und medizinische / -r Bademeister / -in
- Medizinische / -r Dokumentationsassistent / -in
- Medizinische / -r Dokumentar / -in
- Medizinische / -r Fachangestellte / -r
- Medizinisch-technische / -r Assistent / -in – Funktionsdiagnostik
- Medizinisch-technische / -r Laboratoriumsassistent / -in
- Medizinisch-technische / -r Radiologieassistent / -in
- Medizinische / -r Sektions- und Präparationsassistent / -in
- Medizinlaborant / -in

- Motopäde / Motopädin
- Musiktherapeut / -in
- Notfallsanitäter / -in
- Operationstechnische / -r Angestellte / -r
- Operationstechnische / -r Assistent / -in
- Orthoptist / -in
- Pharmazeutisch-technische / -r Assistent / -in
- Physiotherapeut / -in
- Podologe / Podologin
- Präparationstechnische / -r Assistent / -in – Medizin
- Rettungsassistent / -in
- Sozialassistent / -in – Bereich Pflege
- Sozialbetreuer / -in / Sozialpfleger / -in
- Veterinärmedizinisch-technische / -r Assistent / -in
- Zytologieassistent / -in

Zahnmedizin

Folgende Berufe werden etwa an der **Universität München** in das Auswahlverfahren einbezogen (Bonus von 0,3 auf die Abiturnote)

- Zahnarzthelfer / -in
- Zahnärztliche / -r Helfer / -in
- Zahnmedizinische / -r Fachangestellte / -r
- Zahnmedizinische / -r Prophylaxehelfer / -in
- Zahntechniker / -in

Tiermedizin

Beispiel Universität München

Im Auswahlverfahren wird für eine abgeschlossene Berufsausbildung in einem der folgenden Berufe ein Bonus von 0,3 auf die Abiturdurchschnittsnote gegeben:

- Landwirt / -in
- Landwirtschaftlich-technische / -r Assistent / -in
- Pferdewirt / -in
- Tierarzthelfer / -in
- Tiermedizinische / -r Fachangestellte / -r
- Tierpfleger / -in
- Tierwirt / -in
- Veterinärmedizinisch-technische / -r Assistent / -in

Pharmazie

Bessere Chancen auf einen Studienplatz in Pharmazie, etwa an der **Universität Freiburg**, ergeben sich mit folgenden Berufen:

- Biologielaborant / -in
- Biologisch-technische / -r Assistent / -in
- Biotechnologische / -r Assistent / -in
- Chemikant / -in
- Chemielaborant / -in
- Chemisch-technische / -r Assistent / -in
- Chemotechniker / -in
- Diätassistent / -in
- Gesundheits- und Krankenpfleger / -in
- Landwirtschaftlich-technische / -r Assistent / -in
- Medizinisch-technische / -r Laboratoriumsassistent / -in
- Medizinisch-technische / -r Röntgenassistent / -in
- Pharmazeutisch-technische / -r Assistent / -in
- Physikalisch-technische / -r Assistent / -in
- Physiklaborant / -in
- Techniker / -in Biotechnik
- Umwelt(schutz)technische / -r Assistent / -in
- Veterinärmedizinisch-technische / -r Assistent / -in

Fazit: Wenn absehbar ist, dass ein Studienplatz in den über *hochschulstart.de* vergebenen Fächern nicht über eine hervorragende Abiturnote zu erreichen ist, sollten sich Interessenten für diese Fächer eine Ausbildung im jeweiligen Berufsbereich überlegen, um

a) für die Auswahlverfahren der Hochschulen ihre Chancen zu verbessern und

b) ihre Chancen zu erhöhen, über die Wartezeit (*hochschulstart.de* vergibt 20 Prozent der Studienplätze an diejenigen mit der längsten Wartezeit, s.o.) einen Studienplatz zu erhalten. Als Wartezeit gilt nur die Zeit nach dem Abitur, in der kein anderes Studium begonnen wurde.

Berufspraktische Kenntnisse bei anderen Studienfächern

Auch außerhalb der über *hochschulstart.de* vergebenen Fächer spielen eine Berufsausbildung und außerschulische Qualifikationen in den Auswahlverfahren eine wichtige Rolle. Dabei sind die Berufsausbildungen und außerschulischen Qualifikationen, die zu einer Verbesserung der Chancen führen, so verschiedenartig wie das Fächerspektrum.

Beispiel Psychologie

Die **Universität Konstanz** etwa vergibt die Psychologie-Studienplätze unter Einbeziehung einer vorherigen Berufsausbildung und von vorheriger Berufstätigkeit, wobei das Spektrum sowohl klassische Gesundheitsberufe als auch wirtschaftsbezogene Berufe (für eine Ausrichtung auf Arbeits-, Betriebs- und Organisationspsychologie) umfasst.

Für eine abgeschlossene Berufsausbildung wird ein Bonus von bis zu 0,4 auf die Abiturnote gegeben. Auch wird ein Bonus von 0,2 für außerschulische Leistungen und Qualifikationen vergeben (maximaler Bonus von 0,6 möglich).

- Altenpfleger / -in
- Arbeitstherapeut / -in
- Arzthelfer / -in
- Assistent / -in im Gesundheits- und Sozialwesen
- Atem-, Sprech- und Stimmlehrer / -in
- Bankkaufmann / -frau
- Betriebswirt / -in
- Biologisch-technische / -r Assistent / -in

- Biotechnologische / -r Assistent / -in
- Diätassistent / -in
- Ergotherapeut / -in
- Erzieher / -in
- Gesundheits- und Kinderkrankenpfleger / -in
- Heilerziehungspfleger / -in
- Heilpraktiker / -in
- Informatiker / -in
- Kinderkrankenschwester / -pfleger
- Logopäde / Logopädin
- Mathematisch-technische / -r Assistent / -in
- Medizinische / -r Dokumentar / -in
- Pharmazeutisch-technische / -r Assistent / -in
- Physiotherapeut / -in
- Psychiatriepfleger / -schwester
- Rettungsassistent / -in
- Umweltschutztechnische / -r Assistent / -in
- Werbeassistent / -in
- Werbekaufmann / -frau

Beispiel Kommunikationswissenschaft

Hier werden an der **Universität Hohenheim** etwa folgende Berufsausbildungen im Auswahlverfahren berücksichtigt:

- Assistent / -in für Medieninformatik
- Assistent / -in für Medientechnik
- Fachangestellte / -r für Markt- und Sozialforschung
- Fachangestellte / -r für Medien- und Informationsdienste
- Film- und Videoeditor / -in
- Film- und Videolaborant / -in
- Fotograf / -in
- Fotogravurzeichner / -in

- Fotolaborant / -in
- Fotomedienlaborant / -in
- Foto- und medientechnische / -r Assistent / -in
- Gestaltungstechnische / -r Assistent / -in
- Informatiker / -in für Multimedia
- Informations- und Telekommunikationskaufmann / -frau
- Informations- und Telekommunikationssystem-Kaufmann / -frau
- Journalist / -in (abgeschlossenes Volontariat)
- Kaufmann / -frau für audiovisuelle Medien
- Kommunikationsdesigner / -in
- Kommunikationselektroniker / -in
- Lichtdruckretuscheur / -in
- Medienassistent / -in, kaufmännische Medienassistent / -in
- Medienberater / -in
- Mediendesigner / -in
- Mediengestalter / -in
- Medieninformatiker / -in
- Medienkünstler / -in
- Medienoperator / -in
- Medientechniker / -in
- PR-Berater / -in, PR-Assistenz
- Produktgestalter / -in
- Publizist / -in
- Schauwerbegestalter / -in
- Schriftsetzer / -in
- Tontechniker / -in
- Veranstaltungskaufmann / -frau
- Verlagskaufmann / -frau
- Verlagsfachwirt / -in
- Werbekaufmann / -frau

Sonstiges außerschulisches Engagement

Neben einer Berufsausbildung werden in den Auswahlverfahren für die vier *hochschulstart.de*-Fächer auch außerschulische Aktivitäten berücksichtigt, die die Motivation für ein entsprechendes Studium untermauern. Hierzu gehören Praktika, die Ableistung eines Dienstes und die erfolgreiche Teilnahme an Landes- und Bundeswettbewerben, etwa bei »Jugend forscht«.

Außerhalb der *hochschulstart.de*-Fächer sind die Aktivitäten, die einbezogen werden können, noch vielfältiger, etwa fachbezogene Arbeitsgemeinschaften neben der Schule, Belege über besondere Sprachkenntnisse, Auslandsaufenthalte als Austauschschüler und Au-pair, Mitwirkung bei Programmen des Jugendaustauschs (z.B. Camp America) und Erwerb von Sprachzertifikaten (Beispiel für Englisch: Cambridge Certificate of Proficiency und TOEFL). Weiter können eingebracht werden: Belege über Computerkenntnisse, weitere technische Fähigkeiten und über ehrenamtliches Engagement – von einer Tätigkeit bei der DLRG über die Leitung einer kirchlichen Jugendgruppe bis hin zur SMV-Arbeit.

Fazit: Schon etwa zwei Jahre vor dem Abitur können die Weichen für eine verbesserte Studienplatzbewerbung durch außerschulische Aktivitäten gestellt werden, indem man …

- sich neben der Schule oder in den Schulferien um einschlägige Praktika bemüht,
- sich an bundesweiten Schülerwettbewerben, etwa »Jugend forscht«, beteiligt,
- sich ehrenamtlich engagiert,
- die Englischkenntnisse vertieft,
- sich um ein freiwilliges soziales Jahr (oder einen anderen Dienst) direkt nach dem Abitur kümmert, in dem man Qualifikationen für das angestrebte Studienfach erwirbt.

Wichtig: Alle Aktivitäten schriftlich bescheinigen lassen.

Bewerbung um örtlich zulassungs-beschränkte Studiengänge

Neben den Studienplätzen, für die man sich über *hochschulstart.de* bewirbt, sind etwa 60 Prozent der Studiengänge an den deutschen Hochschulen entweder örtlich zulassungsbeschränkt oder setzen eine Bewerbung voraus. In immer weniger Studiengängen ist die freie Einschreibung ohne vorherige Bewerbung Normalität.

Bei der Wahl des Studienfaches sollten Sie deshalb also in Erfahrung bringen, an welchen Hochschulen für den gewünschten Studiengang eine örtliche Zulassungsbeschränkung besteht. Auf den Internetseiten der jeweiligen Hochschule können Sie sich anschließend nach den genauen Auswahlregeln erkundigen. Der Numerus clausus kann bei entsprechender regionaler Mobilität auch von Ihnen umgangen werden, indem Sie sich an eine andere Hochschule wenden, an der der gleiche Studiengang ohne Zulassungsbeschränkung studiert werden kann.

Studienplatzvergabe mit schriftlicher Bewerbung

Die schriftliche Bewerbung für einen Studienplatz ist innerhalb der Hochschulauswahlverfahren eine der gängigsten Formen der Auswahl. Anhand einer schriftlichen Bewerbung wird entschieden, ob Sie zum Studium des Faches zugelassen werden oder nicht. Sie haben also im Gegensatz zu anderen Auswahlverfahren keine Möglichkeit, Ihr Anliegen mündlich vorzutragen oder in Form eines schriftlichen Studierfähigkeitstests unter Beweis zu stellen, dass Sie für das Studium dieses Faches optimal geeignet sind. Es entscheidet lediglich die » Papierform «. Deshalb sollten Sie bei der Anfertigung der Unterlagen größte Sorgfalt walten lassen.

Die schriftliche Bewerbung für den Studienplatz enthält, sofern die Hochschule keine anderen Vorgaben macht, normalerweise:

- ein **Anschreiben**, worin Sie Ihr Interesse am Studium und an diesem Studienplatz bekunden,
- evtl. ein **Motivationsschreiben**, in dem Sie Ihre Studienmotivation und Ihre Motivation für das jeweilige Studienfach und die Hochschule zu Papier bringen können,

- die **Hochschulzugangsberechtigung** in beglaubigter Kopie (Abiturzeugnis, Zeugnis Fachhochschulreife oder der fachgebundenen Hochschulreife),
- einen **Lebenslauf**,
- sonstige für das Studium **relevante Bescheinigungen** (z. B. Praktika, außerschulisches Engagement) oder **Zeugnisse** (z. B. Berufsausbildung).

Das optimal gestaltete Anschreiben

Mit dem Anschreiben dokumentieren Sie Ihr grundsätzliches Interesse an dem Studienfach und an dem Studienplatz dieser Hochschule. Es geht also zum einen um das Fach und zum anderen um den Studienort. Das Anschreiben dient dazu, neugierig zu machen, sodass man mehr über Sie erfahren und die dem Anschreiben folgenden Unterlagen gründlich lesen will. Mit einem optimal gestalteten Anschreiben meistern Sie die erste Hürde auf dem Weg zum Studienplatz. Es muss vom Umfang her angemessen sein. Wenn Ihr Anschreiben aus dem einen Satz besteht: »Sehr geehrte Damen und Herren, hiermit bewerbe ich mich für den Studienplatz x an Ihrer Hochschule y«, dann wird man dies zwar als kurz und prägnant zur Kenntnis nehmen, aber kaum Interesse verspüren, den Rest Ihrer Bewerbung intensiv zu lesen. Umgekehrt macht ein mehrseitiges Anschreiben, in dem Sie bereits wesentliche Argumente vorwegnehmen, die eher in ein Motivationsschreiben gehören, nicht neugierig, sondern ermüdet.

Das Anschreiben besteht aus einem Brief, der Namen und Vornamen, Straße und Hausnummer, Postleitzahl und Ort, Kommunikationsdaten (Telefon, E-Mail), Datum des Schreibens, Adressaten, Betreff, Anrede, einen Text, eine Grußformel und Ihre Unterschrift enthält. Zwischen »Sehr geehrte Damen und Herren« und »Mit freundlichen Grüßen« muss ein Text stehen, der nicht zu lang – aber auch nicht zu kurz – Ihr Interesse an dem Studienplatz und an der Hochschule wiedergibt. Dieser Text kann nach folgendem Schema aufgebaut sein, wobei die Punkte 2–4, die Ihre Motivation für das Studium beinhalten, nur dann besonders ausgeführt werden sollten, wenn kein zusätzliches Motivationsschreiben den Unterlagen beigefügt werden soll.

1. Einleitung
2. Angaben zur Person (Alter, Herkunft)
3. Interesse am Studienfach (in Verbindung mit dem Berufswunsch)
4. Interesse an der Hochschule
5. Außerschulisches Engagement
6. Schlusssatz

Ein solches Anschreiben, das um die eine oder andere Information erweitert oder gekürzt werden kann, könnte wie folgt aussehen:

Klara Kandidat
An der Schule 1
PLZ Ort
Telefon
E-Mail-Adresse   Datum

Adressat

Bewerbung um einen Studienplatz in x an Ihrer Hochschule

Sehr geehrte Damen und Herren,

mit diesem Schreiben und den beigefügten Unterlagen möchte ich mich gerne zum nächsten Wintersemester für den Studiengang x an Ihrer Hochschule bewerben. Gestatten Sie mir, Ihnen einige Informationen zu meiner Person, meiner Motivation für das Studienfach sowie meinen fachlichen und persönlichen Interessen zu geben.

Ich bin, wie Sie dem beigefügten Lebenslauf entnehmen können, 19 Jahre alt, stamme aus xx und schließe in Kürze am Albert-Schweitzer-Gymnasium in x die Schule mit dem Abitur ab.

Während der Schulzeit habe ich bereits sehr früh ein besonderes Interesse am Fach z erkannt. Durch gute Noten in den Schulfächern a, b und c, aber auch durch ein Praktikum in den Schulferien bei der Fa. Müller und Meier ist bei mir in den vergangenen Jahren der Wunsch gereift, das Fach x zu studieren. Der Studienfachwunsch deckt sich auch mit meinen Vorstellungen, später einmal den Beruf eines xy auszuüben.

Bestärkt worden bin ich in meiner Entscheidung durch verschiedene Gespräche mit meinen Eltern und Lehrern sowie mit Freunden, die bereits studieren.

Ich habe auf den Websites mehrerer Hochschulen die Informationen zum Fach x sehr gründlich gelesen und bin nach der Lektüre zu dem Entschluss gekommen, an Ihrer Hochschule studieren zu wollen. Denn in Ihrer Hochschule besteht ein sehr günstiges Betreuungsverhältnis zwischen Professoren und Studierenden, was mir sehr wichtig ist, und Theorie und Praxis sind eng verzahnt. Mich reizt auch an Ihrem Studiengang, dass fachspezifische Fremdsprachenkurse in das Studium integriert sind, die mir die Möglichkeit böten, meine vorhandenen Fremdsprachenkenntnisse zu erweitern und auch international beruflich tätig zu werden.

Ich würde mich freuen, wenn meine Bewerbung auf Ihre Zustimmung stößt. Falls Sie noch weitere Auskünfte oder Informationen benötigen, stehe ich Ihnen gerne zur Verfügung.

Mit freundlichen Grüßen

Klara Kandidat

Das Motivationsschreiben

Oft wird ein Motivationsschreiben verlangt, das der schriftlichen Bewerbung beizu-fügen ist. Beginnen wir mit den Formalien: Es sollte nicht kürzer als eine, aber auch nicht länger als zweieinhalb Seiten sein. Sie sollten darin alles unterbringen, was für Ihre Bewerbung spricht, wodurch Sie sich gegenüber Konkurrenten auszeichnen und was die andere Seite davon überzeugt, dass Sie der / die passgenaue Bewerber / -in für den Studienplatz sind. Bevor wir Ihnen erläutern, womit Sie Pluspunkte sammeln können, gehen wir zuerst einmal darauf ein, womit Sie sich in jedem Fall Minuspunkte einhandeln würden.

Begründen Sie Ihre Motivation für den Studienplatz niemals mit vermeintlich in der Zukunft oder aktuell guten Berufsmöglichkeiten. Niemand weiß, wie sich in eini-gen Jahren, wenn Sie Ihr Studium abgeschlossen haben, der Arbeitsmarkt entwickelt haben wird und was dann gefragt und weniger gefragt ist. Begründen Sie den Wunsch nach dem Hochschulort auch nicht mit der Nähe zu Ihrem derzeitigen Wohnort und der Möglichkeit, weiterhin zu Hause wohnen bleiben zu können. Dies kann allenfalls als Zusatzargument angeführt werden, darf aber nicht im Zentrum Ihrer Argumenta-tion stehen.

Den Mittelpunkt Ihrer Argumentation muss Ihre Einschätzung bilden, warum Sie für das Studium dieses Faches geeignet sind. Leiten Sie Ihre Studierfähigkeit aus Schulnoten ab, die für dieses Fach wichtig sind, oder argumentieren Sie andersherum, dass Sie einen bestimmten Beruf ergreifen möchten, für den dieses Studienfach Voraussetzung ist. Berichten Sie von Ihren Erfahrungen aus der Schule, wann und wie Sie zu Ihrem Berufswunsch gekommen sind oder schildern Sie ein Schlüsselerlebnis, das für Sie den Ausschlag gab, sich für dieses Studienfach zu bewerben.

Schildern Sie sich, anhand von Beispielen, als hoch motiviert, leistungsorientiert und zukunftsoffen, aber übertreiben Sie die Argumentation an dieser Stelle nicht.

Berichten Sie von Erfahrungen aus Ihrem privaten Umfeld oder aus Ihrem Freun-deskreis, durch die Sie Anregungen bekommen haben, sich für dieses Fach zu bewer-ben. Untermauert werden kann diese Argumentation, indem Sie auf Praktika oder vergleichbare Aktivitäten verweisen, die Ihre Entscheidung maßgeblich beeinflusst haben.

Sollten Sie an einem Landes- oder Bundeswettbewerb dieses Faches teilgenom-men haben, vergessen Sie auf keinen Fall, das an dieser Stelle ausführlich zu erwäh-nen, auch wenn Sie keinen Preis gewonnen haben.

Wenn Sie Ihr Motivationsschreiben verfassen, stellen Sie sich den idealen Bewerber für den Studienplatz vor und versuchen Sie, so nah wie möglich an diesen heranzukommen. Der ideale Bewerber hat eine gute Abiturnote, sehr gute Noten in allen Fächern, die für das Studienfach wichtig sind, ist hoch motiviert, kann sich nicht vorstellen, etwas anderes zu studieren, hat bereits bestimmte Berufe im Blick, für die das Studium Voraussetzung ist, und hat sich vor der Bewerbung ausführlich über den Hochschulort und dessen Vorzüge sowie – noch wichtiger – über die Hochschule und über das Fach dort informiert.

Wenn Sie Ihre Argumentation noch um Ihre Vorstellungen vom Studium und dem späteren Beruf anreichern können, dann ist das eine weitere gute Möglichkeit, glaubhaft Ihre Motivation darzulegen.

Damit Sie sich ein Bild davon machen können, wie ein solches Motivationsschreiben optimal aussehen sollte, folgen jetzt fünf Beispiele. Diese stehen jeweils für eine bestimmte Fächergruppe und sind in ähnlicher Form auch für andere Fächer dieser Gruppe denkbar. Psychologie steht hier für die Fächergruppe der geisteswissenschaftlichen Fächer, die Wirtschaftswissenschaften stehen stellvertretend für die Gruppe der Gesellschafts- und Wirtschaftswissenschaften. Die Gruppe der Naturwissenschaften wird durch das Fach Biologie repräsentiert. Für die Gruppe der Ingenieurwissenschaften wurde das Fach Maschinenbau gewählt. Auch für Medizin zeigen wir Ihnen ein Beispiel – für dieses Fach ist innerhalb des bundesweiten Vergabeverfahrens *hochschulstart.de* sowie an privaten Hochschulen (deutschen und ausländischen) ein Motivationsschreiben Bestandteil der Studierendenauswahl.

Die fünf Beispiele sind mit fiktiven Namen, Biografien und Ortsangaben versehen, um die Schreiben anschaulicher zu machen. Namensgleichheit oder andere Ähnlichkeiten wären rein zufällig.

Lesen Sie bitte, auch wenn Sie nicht eines dieser Fächer studieren möchten, alle Musterbriefe durch, um sich mit dem System der Argumentation vertraut zu machen. Etliche Bausteine aus den Schreiben sind auch auf andere Fächer übertragbar oder geben eine erste Orientierung, wie sich eine Auswahlkommission ein Motivationsschreiben vorstellt. Das »Gerüst« eines solchen Motivationsschreibens kann etwa sein:

1. Einleitung: Anlass des Schreibens – Bewerbung an der Hochschule – oder, alternativ, Vorstellung der Person (Name, Alter, Herkunft).

2. Interesse am Fach begründen, etwa durch Ihre Stärken in der Schule.

3. Nennung des Berufswunsches und evtl. erster praktischer Erfahrungen in diesem Bereich.

4. Interesse an der Hochschule und an dem Studienfach dort bekunden: durch Verweis auf Vorzüge dieser speziellen Hochschule und Angabe, wo und wie Sie welche Informationen eingeholt haben.

5. Angabe zu möglichen Hobbys und außerschulischem Engagement: Dies sagt etwas über Ihre Persönlichkeit aus.

6. Schlusssatz: Der Wunsch, zu einem Auswahlgespräch eingeladen zu werden, kann hier geäußert werden. Dieser Punkt ist aber nur relevant, wenn es sich um ein zweistufiges Auswahlverfahren (der schriftlichen Bewerbung folgt ein Auswahlgespräch) handelt.

Wenn Sie die nun folgenden Beispiele gelesen haben, beachten Sie bitte abschließend in diesem Kapitel die zehn goldenen Regeln für ein gelungenes Motivationsschreiben.

Bewerbung für ein geisteswissenschaftliches Fach
Beispiel Psychologie

Sehr geehrte Damen und Herren,

mit diesem Schreiben und den beigefügten Unterlagen möchte ich mich zum Wintersemester 2014/2015 für das Studium der Psychologie an Ihrer Universität bewerben.

Ich möchte mich gerne kurz vorstellen: Mein Name ist Ralf Redemann, ich bin 20 Jahre alt und habe vor einem Jahr am Konrad-Adenauer-Gymnasium in Köln das Abitur mit der Durchschnittsnote 2,1 abgelegt. Im Anschluss daran habe ich ein freiwilliges soziales Jahr im Städtischen Krankenhaus Köln abgeleistet. Meine Eltern sind Friedrich und Sonja Redemann, ich habe zwei jüngere Schwestern. Mein Vater ist als Kfz-Meister tätig, meine Mutter arbeitet als Sachbearbeiterin bei der Stadtverwaltung.

Psychologie möchte ich studieren, weil mich die Komplexität des Menschen schon immer fasziniert hat. Ich finde es hoch interessant, wenn der Mensch als ein rationales und emotionales Wesen mit all seinen Widersprüchen erklärt wird, und ich würde gerne Personen, die Schwierigkeiten haben, sich im Leben zurechtzufinden, helfen. Mir ist bewusst, dass man für die Behandlung von psychischen Erkrankungen viel Geduld und Durchhaltevermögen braucht.

→

Meine Stärken in der Schule waren Deutsch, Mathematik, Biologie, Sozialkunde und Fremdsprachen.

Das Studium der Psychologie vermittelt vielseitige Kenntnisse, die auch wieder für vielseitige berufliche Tätigkeiten einsetzbar sind. Auch wenn ich noch offen bin für mögliche andere berufliche Schwerpunkte, würde ich doch eine Tätigkeit im Bereich der Kinder- und Jugendpsychologie oder der Klinischen Psychologie anstreben.

Dafür gibt es zwei Gründe: Ich bin seit vielen Jahren ehrenamtlich in der kirchlichen Jugendarbeit tätig und kümmere mich dort um die Organisation von Jugendveranstaltungen. Außerdem habe ich in den letzten Schulsommerferien ein fünfwöchiges Praktikum in einem Heim für Sozialwaisen absolviert und konnte mir ein realistisches Bild von der Arbeit der dort tätigen Psychologen machen.

Ich bewerbe mich bei Ihrer Universität, weil sie über einen der größten psychologischen Fachbereiche in Deutschland verfügt und, wie ich anhand des Vergleichs mehrerer Studiengangsflyer und Modulhandbücher gesehen habe, ein sehr breites Angebot an Einzelfächern bietet. Außerdem haben Sie den von mir angestrebten Studienschwerpunkt »Psychologie des Kindes- und Jugendalters« als Teilgebiet des Faches und als mögliches Schwerpunktthema vorgesehen.

Ich war bereits bei der Zentralen Studienberatung und der Fachstudienberatung Psychologie Ihrer Universität. Dort wurde ich in meinem Beschluss bestärkt, und mir wurde bestätigt, dass ich über die notwendige Begabung verfüge. Ich habe gesehen, dass Statistikkurse zu den Lehrveranstaltungen des Studiums gehören. Auch hier sehe ich kein Problem. Mathematik war einer meiner Leistungskurse, und das Fach hat mir Spaß gemacht.

Abschließend möchte ich noch kurz auf meine Freizeitinteressen eingehen: Neben dem Engagement in der Kinder- und Jugendarbeit bin ich begeisterter Rennradfahrer.

Ich würde mich sehr freuen, wenn Sie mir die Möglichkeit, am Auswahlgespräch teilzunehmen, geben würden, und stehe Ihnen mit weiteren Informationen und Unterlagen gerne zur Verfügung.

Mit freundlichen Grüßen

Ralf Redemann

Bewerbung für das Studium der Wirtschaftswissenschaften

Beispiel Volkswirtschaftslehre

Sehr geehrte Damen und Herren,

gestatten Sie, dass ich mich kurz vorstelle: Mein Name ist Klaudia Kaufmann, ich bin 21 Jahre alt und habe vor zwei Jahren das Abitur erfolgreich abgelegt. Meine Lieblingsfächer in der Schule waren Deutsch, Englisch und Wirtschaft sowie – mit leichtem Abstand – Mathematik und Sport. Meine Abiturdurchschnittsnote ist 2,3.

Meine Eltern betreiben ein Einzelhandelsgeschäft für Bekleidung. So konnte ich schon früh Einblick gewinnen in die Funktionsweise eines kleinen Betriebes und die damit zusammenhängende Finanzierung und Organisation.

Trotz dieses Einblicks in das Geschäft meiner Eltern möchte ich nicht Betriebswirtschaftslehre, sondern Volkswirtschaftslehre studieren. Meine Faszination gilt der Weltwirtschaft, der zusammenwachsenden europäischen Ökonomie und dem Verhältnis von Politik und Wirtschaft. Meiner Meinung nach sind politisches Handeln und Sozialsysteme stark abhängig vom Verhältnis zwischen einem Staatswesen und seinem Wirtschaftssystem. Im Oberstufenkurs Wirtschaft habe ich mich auch schon mit den Klassikern der modernen Ökonomie wie Hayek oder Schumpeter und mit der ökonomischen Spieltheorie beschäftigt. Auch wenn im Unterricht diese Thematik nur kurz gestreift werden konnte, habe ich gemerkt, wie sehr mich politische Ordnungssysteme sowie globale und nationale gesamtwirtschaftliche Fragen interessieren.

Von 2012 bis 2014 habe ich eine Lehre als Bankkauffrau mit der Abschlussnote »sehr gut« absolviert. Wie Sie dem beigefügten Kaufmannsgehilfenbrief entnehmen können, lagen auch hier meine Stärken etwas deutlicher in den eher volkswirtschaftlich ausgerichteten Fächern.

Für eine Bewerbung an Ihrer Universität habe ich mich entschieden, weil sie neben einem breiten Angebot an Einzelfächern den Schwerpunkt »Geld, Währung und Kredit« anbietet, der mich besonders interessiert. Außerdem habe ich in Ihrem Vorlesungsverzeichnis des vergangenen Semesters gelesen, dass mehrere Lehrveranstaltungen aus dem Bereich »Weltwirtschaft« angeboten wurden. Was mich auch am Studium an Ihrer Universität reizt, ist die Möglichkeit, integriert in das Studium eine fachspezifische Fremdsprachenausbildung zu absolvieren. Ich würde gerne Französisch und Spanisch als fachspezifische Fremdsprachen belegen.

Über meinen Beruf habe ich nur dahingehend eine konkrete Vorstellung, dass ich gerne im Bereich »Internationale Organisationen« tätig werden möchte, z. B. bei der Weltbank, bei der Europäischen Zentralbank und eventuell auch gerne innerhalb anderer europäischer Organisationen. Auch eine Tätigkeit bei der Deutschen Bundesbank stände auf meiner Wunschliste ganz oben. Auf jeden Fall sollte mein späterer Beruf etwas mit internationalen Wirtschaftsbeziehungen zu tun haben.

$\longrightarrow$

Mich selbst würde ich folgendermaßen beschreiben: sehr motiviert, interessiert an vielen Themen – nicht nur aus der Wirtschaft – belastbar, teamorientiert und in jedem Fall wissbegierig. Meine Hobbys sind Jazz und klassische Musik und im Sommer Motorradfahren.

Über die Möglichkeit eines persönlichen Auswahlgespräches würde ich mich sehr freuen.

Mit freundlichen Grüßen

Klaudia Kaufmann

Bewerbung für ein naturwissenschaftliches Fach

Beispiel Biologie

Sehr geehrte Damen und Herren,

zunächst möchte ich mich kurz vorstellen: Mein Name ist Gabriele Genau, ich bin 20 Jahre alt und habe letztes Jahr das Abitur am Friedrich-Schiller-Gymnasium in Potsdam abgelegt. Als Leistungskurse hatte ich Biologie und Chemie, als weitere Abiturfächer Englisch und Mathematik. Meine Abiturdurchschnittsnote ist 2,1.

Ich habe zwei ältere Brüder. Mein Vater, Robert Genau, ist als Gymnasiallehrer für die Fächer Deutsch und Englisch tätig. Meine Mutter, Sabine Genau, arbeitet als MTA in einem großen Labor in Potsdam.

Zunächst möchte ich Ihnen die Gründe erläutern für meinen Wunsch, Biologie zu studieren. Bis vor einigen Wochen war ich mir nicht sicher, ob ich Biologie oder ein anderes naturwissenschaftliches Fach wie Chemie oder Mathematik studieren soll. Mein Interesse gilt erst einmal allen naturwissenschaftlichen Fächern. Ich habe hier (siehe mein beiliegendes Abiturzeugnis) meine besten Noten erreicht. Auch wenn meine Noten in Deutsch und Fremdsprachen nicht schlecht sind, so kommt für mich doch nur ein naturwissenschaftliches Studium infrage.

Vor der Entscheidung, mich für ein Biologie-Studium zu bewerben, habe ich mich intensiv anhand von Studienführern und Modulhandbüchern mit den naturwissenschaftlichen Fächern beschäftigt. Ich habe gesehen, dass in den ersten vier Semestern das Studium der Fächer sehr ähnlich ist. Es besteht, vereinfacht gesagt, zu etwa einem Viertel aus Mathematik, Physik, Chemie und Biologie. Erst im fünften und sechsten Semester und im Masterstudium erfolgt die eigentliche Schwerpunktbildung. Dennoch ist mir, wenn ich dies so sagen darf, die Mathematik ein wenig

$\longrightarrow$

zu abstrakt, die Physik ein wenig zu theoretisch und die Chemie ein klein wenig zu trocken. Biologie erscheint mir als die breiteste Disziplin, sie erstreckt sich von Botanik bis Zoologie, von der Grundlagenforschung bis zur Anwendung, vom Bakterium bis zum Säugetier. Außerdem würde ich gerne einen Schwerpunkt des Studiums auf Bio- und Gentechnologie legen, die ich für sehr bedeutsame Zukunftsthemen halte.

Meine Teilnahme am Wettbewerb »Jugend forscht« in der Stufe 12 und die Erfahrungen, die ich dabei sammeln konnte, haben mich zudem bestärkt in dem Wunsch, Biologie zu studieren. Auch wenn ich keinen Preis gewinnen konnte, bin ich bis in die Endrunde vorgedrungen. Ich habe zeitweise mit dem Gedanken gespielt, erst eine Ausbildung als Biologisch-technische Assistentin zu durchlaufen, mich aber dann stattdessen dafür entschieden, für ein Jahr in dem Labor, in dem meine Mutter tätig ist, ein Praktikum zu absolvieren. Dies hat mir sehr viel Spaß gemacht und, wie Sie dem beiliegenden Zeugnis entnehmen können, konnte ich mir ein großes Maß an Praxiserfahrungen und Einblick in den Alltag eines großen Labors verschaffen. Parallel dazu habe ich mich bei der Studienberatung Ihrer Universität beraten lassen. Auch dort hat man mich in der Wahl meines Studienfachs bestärkt.

Welchen Weg ich nach dem Biologiestudium einschlagen werde, vermag ich im Moment noch nicht zu sagen. Ich hoffe, dafür einige Anregungen im Studium zu bekommen, die ich durch das ein oder andere Praktikum in den Semesterferien vertiefen möchte. Interessieren würden mich, auch wenn ich hierüber noch wenig weiß, Tätigkeiten in der biologischen Forschung an einer Universität oder in der Industrie.

Meine Bewerbung für Ihre Universität erfolgte nicht primär deshalb, weil sie eine der näher liegenden Universitäten ist. Es ist sicherlich von Vorteil für mich, wenn ich den Studienplatz bekommen sollte, dass ich noch eine Zeit zu Hause wohnen könnte, was auch aus finanziellen Gründen günstig wäre. Der Hauptgrund ist jedoch, dass Ihre Universität, wie ich in verschiedenen Rankings gelesen habe, zu den besten Universitäten im Fach Biologie gehört und dass die Betreuungsrelation sehr gut ist. Ein zusätzlicher Grund, mich bei Ihnen zu bewerben, ist mein Hobby klassische Musik. Ich spiele Geige und würde gerne im Uni-Orchester Ihrer Universität mitwirken.

Ich habe die erforderlichen Unterlagen beigefügt und hoffe, dass ich die Erwartungen, die Sie an künftige Biologiestudierende stellen, erfüllen kann.

Ich würde mich sehr freuen, zu einem Auswahlgespräch eingeladen zu werden.

Mit freundlichen Grüßen

Gabriele Genau

Bewerbung für einen Studienplatz in Ingenieurstudiengängen

Beispiel Maschinenbau

Sehr geehrte Damen und Herren,

gestatten Sie mir, dass ich mich kurz vorstelle: Mein Name ist Frank Findig, ich bin 20 Jahre alt und habe im letzten Jahr mein Abitur mit der Durchschnittsnote 2,6 am Karl-Liebknecht-Gymnasium abgelegt. Mein Vater ist Ingenieur in der Entwicklungsabteilung eines Automobilherstellers. Meine Mutter ist Hausfrau, ich habe zwei jüngere Geschwister, 9 und 11 Jahre alt.

Ich möchte Ihnen zunächst meine Motivation für die Bewerbung um einen Studienplatz in Maschinenbau ausführlich erläutern. Technik hat mich schon immer begeistert. Von klein auf habe ich Bücher gelesen, in denen es um die Meilensteine der Technik geht – von der Erfindung des Rades, dem Feuerstein bis hin zu den großen Entwicklungen und Entdeckungen des 18. und 19. Jahrhunderts, wie der Erfindung der Dampfmaschine, der Eisenbahn, der Elektrizität, des Telefons, des Autos und schließlich des Flugzeuges.

In der Schule haben mir die Fächer, bei denen es um Naturwissenschaft und Technik geht, am meisten Spaß gemacht. Entsprechend gut sind die Noten ausgefallen – meine Lieblingsfächer waren Physik und Mathematik, in beiden Fächern hatte ich Leistungskurse belegt. Die ganze Oberstufe über habe ich in der von meiner Schule angebotenen Informatik-Arbeitsgruppe mitgearbeitet.

Ich bin aber nicht nur sehr an Technik interessiert, sondern habe auch Spaß am praktischen Umgang mit der Technik. Ich baue und entwickle für mein Leben gern; meine ersten erfolgreichen Projekte waren eine Neuentwicklung einer leicht transportierbaren Saftpresse, mit der Gartenbesitzer ihren Obstbestand optimal verwerten können, und die Entwicklung einer gut handhabbaren, leichten elektrischen Heckenschere für Büsche und Blumen mit etwas stärkerem Stamm, die im Rahmen des »Schülerwettbewerbs Technik« mit dem zweiten Preis ausgezeichnet wurde. Mein Bestreben ist, immer zu wissen, wie ein Gerät funktioniert und wie es eventuell verbessert werden kann.

Ich glaube, dass die Zukunft noch viel mehr von der Technik bestimmt sein wird als die heutige Zeit. Maschinen und Computer eröffnen zukünftig weitere neue Möglichkeiten des technischen Fortschritts. Irgendwann werden die fossilen Rohstoffe ausgehen; und in 50 oder 100 Jahren wird es völlig neue Transport- und Kommunikationssysteme geben. Deshalb faszinieren mich auch Themen wie Brennstoffzellen, Kernfusion oder Speichersysteme von Energie auf der Ebene von Mikrosystemen.

Ich habe lange überlegt, ob ich mich für Elektrotechnik oder Maschinenbau bewerben soll. Das eine ist ohne das andere nicht denkbar. Ich habe mich mit meinem Vater und mit einigen seiner Kollegen beraten. Sie meinen, dass mein Herz ein wenig stärker für den Maschinenbau schlägt. Ich hatte voriges Jahr

$\longrightarrow$

die Möglichkeit, beim Tag der offenen Tür Ihrer Universität mich einmal in beiden Fächern genauer umzuhören, mit der Fachstudienberatung zu sprechen und mehrere Vorlesungen zu hören. Auch diese Erfahrung hat mein Interesse bestärkt, Maschinenbauingenieur werden zu wollen. Den Ausschlag gab schließlich ein Praktikum bei der Firma Rein & Sauber, die Maschinen für Klärwerke und Abwasseranlagen baut. Besonders interessant fand ich es, in der Abteilung zu arbeiten, in der neue Filtersysteme entwickelt werden.

Mein Hobby neben der Technik, die ich gerne zu meinem künftigen Beruf machen möchte, ist die Archäologie. Ich finde es faszinierend, wie mithilfe von Technik vergangene Zeiten und historische Kulturen rekonstruiert werden können und wir erfahren, wie Menschen in der jeweiligen geschichtlichen Epoche gelebt und gedacht haben. Mich erstaunt dabei immer wieder, mit welch einfachen Mitteln Menschen schon vor Jahrtausenden versucht haben, mit technischen Ideen ihr Leben zu erleichtern.

Nachdem ich Ihnen meine Studienmotivation für Maschinenbau erläutert habe, möchte ich auch begründen, warum ich mich gerade an Ihrer Universität bewerbe. Ich stand vor der Alternative eines Fachhochschulstudiums oder eines Universitätsstudiums. Am Fachhochschulstudium würde mich der hohe Praxisbezug reizen. Auch wenn das Universitätsstudium sicher theoretischer und länger ist, möchte ich mich aber an einer Universität einschreiben, denn ich will vor allem studieren, wie man Maschinen weiterentwickeln oder wie man alternative Techniken entwickeln kann. Hier erwarte ich von einem Universitätsstudium stärkere Impulse.

Ihre Hochschule zählt, wie mir viele Ingenieure versichert haben, zu den besten Technischen Universitäten in Deutschland. Ich würde mich sehr freuen, wenn Sie mich zu einem Auswahlgespräch einladen würden.

Mit freundlichen Grüßen

Frank Findig

Bewerbung für einen Studienplatz in Medizin

Beispiel Studiengang Humanmedizin

Sehr geehrte Damen und Herren,

mit diesem Schreiben möchte ich gerne meine Bewerbung für das Medizinstudium erläutern.

Gestatten Sie mir zunächst einige Informationen zu meiner Person: Mein Name ist Hanno Heilmann, und ich bin 21 Jahre alt. Mein Vater ist als Betriebswirt bei einem großen Getränkehersteller in Bonn tätig, meine Mutter ist ebenfalls Betriebswirtin und Leiterin der Personalabteilung bei einer mittelständischen Baufirma in Bonn. Ich habe einen älteren Bruder.

Mein Abitur habe ich vor einem Jahr mit der Durchschnittsnote 1,5 am Alexander-von-Humboldt-Gymnasium in Bonn abgelegt. Meine Leistungskurse waren Biologie und Chemie, 3. und 4. Abiturfach Englisch und Sport.

Was stelle ich mir unter dem Medizinstudium vor, und warum möchte ich Medizin studieren, das sind die beiden Fragen, die ich gerne wie folgt beantworten möchte: Ich stelle mir das Medizinstudium als langes, arbeitsintensives und stark naturwissenschaftlich ausgerichtetes Studium vor. Sollte ich zugelassen werden, so warten auf mich durchschnittlich 6 bis 7 Jahre Ausbildung mit theoretischen und praktischen Studienanteilen. Mir ist bewusst, dass für das Medizinstudium nicht nur das Interesse wichtig ist, sondern ebenso eine gute Begabung für das Studium. Die Voraussetzung dafür glaube ich über die gymnasiale Ausbildung mitzubringen – ich hatte Unterricht in allen Naturwissenschaften bis zum Beginn der Oberstufe. Hier musste ich mich zwischen den Fächern Physik und Chemie entscheiden und habe mich für Letzteres entschieden. Gute Noten in Biologie und Chemie, aber auch in Mathematik, stimmen mich zuversichtlich, dass ich den Anforderungen des Studiums gewachsen bin.

Zu meiner Motivation für den Arztberuf: Ich habe unmittelbar nach dem Abitur ein freiwilliges soziales Jahr im Bonner St.-Elisabeth-Krankenhaus abgeleistet. Dabei habe ich alle Arbeiten durchgeführt, die auf einer Station für einen Helfer von Krankenschwestern und Krankenpflegern anfallen. Mit kranken Menschen umzugehen, dies war, wenn man damit noch nie zu tun hatte, eine harte Erfahrung, aber es hat mir auch viel Freude bereitet, zuzusehen, wie die Patienten sich schließlich wieder erholt und das Krankenhaus geheilt verlassen haben. Es hat mich teilweise Überwindung gekostet, die Patienten zu waschen und zu pflegen, aber die Dankbarkeit der Menschen, wenn man sich ihrer angenommen hat, hat das wieder ausgeglichen.

Eigentlich schon vor meinem FSJ, aber bestärkt durch meine Erfahrungen währenddessen, habe ich mich entschlossen, mich für ein Medizinstudium zu bewerben und später als Arzt im Krankenhaus tätig zu sein. Ich habe gesehen, dass das eine anstrengende und verantwortungsvolle Arbeit ist, die großes

$\longrightarrow$

Stehvermögen erfordert. Lange Dienstzeiten, Bereitschaftsdienste und auch der Dienst am Wochenende sind sicherlich nicht jedermanns Sache, aber ich würde gerne diese Herausforderung annehmen und den Weg in die Medizin gehen.

Ich könnte mir auch noch eine andere ärztliche Tätigkeit vorstellen, die eng verbunden ist mit meinen sportlichen Interessen. Ich bin aktiver Leichtathlet und hätte auch Interesse an der Sportmedizin. Möglicherweise lassen sich ja beide Bereiche miteinander kombinieren, z. B. könnte ich als Facharzt für Sportmedizin in einer Sportklinik tätig werden. Das ist auch der Grund, warum ich mich bei Ihrer Hochschule bewerbe, denn hier wird der Studienschwerpunkt Sportmedizin angeboten. Ein weiterer Grund ist, dass ich in einem Studienführer gelesen habe, dass Ihre Hochschule diejenige in Deutschland mit den kürzesten durchschnittlichen Studienzeiten in Medizin ist. Außerdem möchte ich in der Leichtathletikmannschaft Ihrer Universität aktiv mitwirken.

Das Berufsziel Sportmediziner ist erst einmal noch in weiter Ferne und kann nur Schritt für Schritt erreicht werden. Der erste Schritt wird sein, einen Studienplatz in Humanmedizin zu bekommen. Ich hoffe, dass ich Sie überzeugen konnte, hierfür gute Voraussetzungen mitzubringen.

Über die Einladung zu einem Auswahlgespräch würde ich mich sehr freuen.

Mit freundlichen Grüßen

Hanno Heilmann

Die zehn goldenen Regeln für das Motivationsschreiben

1   Wenn Formalien wie Umfang des Schreibens, Zeilenabstand, Schriftgröße usw. von der Hochschule vorgegeben werden, dann halten Sie sich unter allen Umständen an diese Vorgaben oder weichen nur geringfügig davon ab.

2. Wenn, was üblicher ist, keine Vorgaben gemacht werden, schreiben Sie nicht weniger als eine Seite, aber auf keinen Fall mehr als zweieinhalb Seiten. Eineinhalb bis zwei Seiten sind optimal. Wählen Sie entweder einzeilige oder eineinhalbzeilige Abstände. Für eine gute Lesbarkeit ist Schriftgröße 11 oder 12 zu verwenden. Machen Sie dort Absätze im Text, wo ein neuer Gedanke beginnt.

3. Vermeiden Sie sehr lange und verschachtelte Sätze. Bauen Sie den Text aus kurzen Hauptsätzen auf, in die ein oder zwei Nebensätze eingefügt sein können. Das erleichtert die Lesbarkeit und vermittelt den Eindruck, dass Sie Ihre Gedanken klar vortragen können.

4. Beginnen Sie das Schreiben mit einigen Informationen zu Ihrer Person, Ihrer Familie und zu Ihrem bisherigen Werdegang, auch dann, wenn Sie zusätzlich einen Lebenslauf beigefügt haben. Es erleichtert dem Leser den Einstieg und macht das Schreiben persönlicher.

5. Teilen Sie Ihr Motivationsschreiben gedanklich in kleine Kapitel auf, sodass jeweils eine Argumentation abgeschlossen ist, bevor die nächste beginnt und an keiner Stelle des Schreibens derselbe Gedanke an zwei verschiedenen Stellen auftaucht.

6. Die drei Schlüsselthemen, die sich durch das gesamte Motivationsschreiben wie ein roter Faden hindurchziehen sollten, sind Ihre Eignung für das Studienfach, Ihre Motivation für das Studium und Ihre sorgfältige Wahl der Hochschule und des dortigen Studienfaches.

7. Stellen Sie nicht Ihre Person und das, was Sie zu können glauben, in den Vordergrund, sondern Ihr großes Interesse, an diesem Ort den Wunschstudienplatz zu bekommen, und Ihre hohe Motivation für das Studium. Anders ausgedrückt: Erwecken Sie nicht den Eindruck, hier bewerbe sich ein »Möchtegern-Einstein«, sondern vermitteln Sie, dass hier ein begabter und hoch motivierter junger Mensch seine Chance bekommen möchte.

8. Stellen Sie in dem Motivationsschreiben unter Beweis, dass Sie sich über das Studienfach, für das Sie sich bewerben, und über die Hochschule, an der Sie studieren möchten, sehr intensiv informiert haben.

9. Begründen Sie Ihr Studieninteresse oder Ihre Studienmotivation nie mit breiten oder guten Berufschancen oder damit, dass man viel Geld verdienen kann. Wenn

Sie konkrete Berufe nennen, die Sie nach dem Studium ergreifen möchten, dann konzentrieren Sie sich auf Ihre Vorliebe für die mit diesen Berufen verbundenen Tätigkeiten oder auf die vielfältigen Einsatzmöglichkeiten. Da niemand in Ihrem Alter von Ihnen erwartet, dass Sie bereits wissen, was Sie nach dem Studium beruflich machen möchten, können Sie mehrere Berufe nennen, die Sie sich später einmal vorstellen können.

10. Keine Hochschule sucht bevorzugt Studierende, deren Motivation sich hauptsächlich darin begründet, dass die Hochschule um die Ecke ist oder dass man weiterhin im »Hotel Mama« wohnen möchte. Lassen Sie so etwas entweder ganz weg oder verpacken Sie es so, dass deutlich wird, Sie oder Ihre Eltern können sich aus finanziellen Gründen kein Studium fernab der Region leisten. Stellen Sie stattdessen alle Vorzüge des gewählten Studiengangs und der Wunschhochschule in den Vordergrund Ihrer Argumentation.

Sonstige benötigte Unterlagen

Verlangt wird für die schriftliche Bewerbung der Nachweis, dass Sie die formalen Voraussetzungen für das Studium erfüllen. Das kann, je nach Hochschule und Fach, eine Kopie oder beglaubigte Kopie des Abiturzeugnisses, der Fachhochschulreife oder der fachgebundenen Hochschulreife sein. Wenn eine Voraussetzung für das Studium eine Berufsausbildung oder ein Praktikum oder eine berufliche Tätigkeit ist bzw. wenn diese Ihnen einen Wettbewerbsvorteil im Auswahlverfahren verschaffen können, fügen Sie bitte Bescheinigungen oder Zeugnisse bei. Auch wenn es nicht ausdrücklich gefordert wird, fügen Sie Ihrer Bewerbung einen tabellarischen Lebenslauf mit Foto bei. Dieser untermauert Ihre vorgetragene Argumentation und bietet der anderen Seite die Möglichkeit, sich über den Kandidaten noch einmal überblicksartig zu informieren.

Der Lebenslauf wird, außer wenn die Hochschule einen ausführlichen, das heißt selbstständig formulierten Lebenslauf verlangt, in tabellarischer Form erstellt (nachfolgend ein Muster).

Tabellarischer Lebenslauf

Name	Benjamin Redlich
Geboren	29.03.1993
Adresse	Goethestr. 45
	71197 Schöndorf
Telefon	07197 / 34567
E-Mail	benjamin.redlich@web.de
Eltern	Reinhard Redlich, Florist-Meister
	Regine Redlich, geb. Blumenfeld, Florist-Meisterin
	(beide selbstständig tätig)
Geschwister	Tobias Redlich, geb. 1991, Masterstudent der BWL,
	Universität Lüneburg
	Annika Redlich, geb. 1998, Schülerin

Bisherige Schulausbildung

Grundschule Schöndorf	1999 – 2003
Gottlieb-Daimler-Gymnasium	2003 – 2011
Wertstadt	Hochschulreife abgelegt am: 23.05.2011
	Note: 2,0
Freiwilliges Soziales Jahr	01.07.2011 bis 30.06.2012
in der Kultur	in der Stadtbibliothek Wertstadt

Berufliche Ausbildung

Medienkaufmann Digital	01.09.2012 bis 30.08.2014
und Print	Archäologischer Verlag Wertstadt
	Note: 1,7
Außerschulisches Engagement	seit 2009 Freiwillige Feuerwehr Schöndorf,
	seit 2012 Jugendübungsleiter,
	seit 2012 freier Mitarbeiter bei Allgemeine Zeitung
	Wertstadt
Studienwunsch	Kulturwissenschaften
Berufswunsch	Lektor
Hobbys und Interessen	Lesen, Radfahren, Jazzmusik
Schöndorf, (aktuelles Datum)	Unterschrift

Studienplatzvergabe mit Auswahlgespräch

Intention und Inhalte eines Auswahlgesprächs

Bevor Sie die nachfolgenden Informationen, wie ein Auswahlgespräch für einen Studienplatz ablaufen kann, gründlich lesen, vorab einige wichtige Tipps und Hinweise:

Bedeutung: Das Vorstellungs- respektive Auswahlgespräch nimmt bei den Hochschulauswahlverfahren eine immer wichtigere Rolle ein. Fast alle für dieses Buch befragten Hochschullehrer (s. ab S. 135) messen dem persönlichen Gespräch die größte Bedeutung bei.

Bestimmte Regeln: Das Auswahlgespräch für einen Studienplatz unterscheidet sich nicht wesentlich von dem für einen Ausbildungsplatz oder für einen Arbeitsplatz. Egal für welches Studienfach Sie sich bewerben, das Auswahlgespräch läuft nach einem ähnlichen Muster ab. Es gibt bestimmte Regeln, die Sie sich einprägen sollten.

Fachwissen: Das Auswahlgespräch ist keine Fachprüfung, in der überwiegend Fachwissen abgefragt wird. Niemand erwartet, dass Sie bereits vor Studienbeginn den Wissensstand eines Studierenden haben. Im Kapitel »Tipps von Hochschullehrerinnen und -lehrern für Bewerber / -innen« (s. S. 133) bekommen Sie viele Informationen über mögliche Fragen.

Klare Antworten: Die prüfenden Hochschullehrer / -innen wollen sich einen Eindruck von Ihrer Persönlichkeit verschaffen. Sie möchten herausfinden, ob Sie für dieses Studienfach geeignet sind, ob Sie sich gedanklich und sprachlich klar und verständlich ausdrücken können, ob Sie in der Lage sind, auf Fragen präzise zu antworten. Außerdem möchten sie in Erfahrung bringen, ob Sie sich die Studienwahl gründlich überlegt haben, ob Sie sich auf das Gespräch gut vorbereitet haben und inwieweit Sie spontan auf ungewöhnliche Fragen reagieren können (womit Flexibilität getestet wird). Wichtig ist, dass Ihre Gedankenführung logisch aufgebaut ist und überzeugend beim Gesprächspartner ankommt.

Vorbereitung: Nehmen Sie ein Auswahlgespräch nicht auf die leichte Schulter nach dem Motto: »Denen erzähl' ich halt was!« Vermeiden Sie aber auch, sich überzutrainieren. Gehen Sie gut vorbereitet ins Rennen, aber rechnen Sie damit, dass die ein oder andere nicht vorhersehbare Frage gestellt wird, die von Ihnen spontan beantwortet werden soll.

Dauer des Gesprächs: Üblich bei Auswahlgesprächen ist das Einzelgespräch. Hier sehen Sie sich mehreren Personen gegenüber – rechnen Sie mit zwischen drei und sechs Fragenden. Ein solches persönliches Auswahlgespräch wird zwischen dreißig und fünfundvierzig Minuten dauern. Sollte es weniger als dreißig Minuten dauern, lässt dies keinen Schluss darauf zu, dass Sie durchgefallen sind, sowie umgekehrt ein längeres Gespräch kein Indiz für ein Bestehen ist.

Das Auswahlgespräch besteht aus Fragen und Antworten. Etwa 80 Prozent der Fragen werden Ihnen gestellt. Am Schluss des Gespräches haben Sie die Möglichkeit, Fragen zu stellen.

Dauer der Antworten: Die Beantwortung einer Frage, dies ist eine eiserne Regel, soll länger dauern als die gestellte Frage. Ausnahme sind nur Fachfragen, auf die Sie mit einer Formel, Gleichung oder Ableitung richtig antworten. Ansonsten sollten Sie, ohne dabei auf die Uhr zu schauen, eine gestellte Frage in etwa ein bis zweieinhalb Minuten beantworten. Wenn Sie zu dem Typus gehören, der alle Fragen nach dem Prinzip »In der Kürze liegt die Würze« beantwortet, dann sollten Sie beim Auswahlgespräch ausnahmsweise von dieser Regel Abstand nehmen und aus Ihrer Sicht ruhig einmal mehr erzählen und ein wenig aus sich herausgehen. Wenn Sie hingegen zum umgekehrten Typus mit dem Motto »Solange ich rede, können die nicht fragen« gehören, dann sollten Sie sich beim Auswahlgespräch etwas bremsen. Wer zu viel redet, erweckt den Eindruck, ein Schwätzer zu sein, wer sich jedes Wort aus der Nase ziehen lässt, hinterlässt den Eindruck eines phlegmatischen Menschen.

Natürlichkeit: Seien Sie »Sie selbst«, das soll heißen, versuchen Sie nicht, sich im Auswahlgespräch zu verstellen, eine Rolle zu spielen, die Sie nicht beherrschen, und ziehen Sie auch bitte keine Show ab. Ihnen gegenüber sitzen Männer und Frauen aus der Wissenschaft, keine Talkshow-Moderatoren. Versuchen Sie mit guten, klar durchdachten und schlüssig vorgetragenen Antworten zu punkten, nicht durch Späßchen oder Effekthascherei.

Kleiderfrage: Auch beim Auswahlgespräch um einen Studienplatz ist die Kleiderfrage von nicht zu unterschätzender Bedeutung, wenn nicht von zentraler. Vermeiden Sie nach Möglichkeit Extreme. Ein Auswahlgespräch ist weder Faschingsfete noch Opernball. Getestet wird nicht, ob Sie sich extravagant, nach der neuesten Mode oder besonders chic kleiden können, sondern ob Sie für ein bestimmtes Studienfach geeignet sind. Vermeiden Sie also ein der Situation nicht angemessenes »Underdressed-Sein« (Jeans, T-Shirt, Freizeitschuhe), aber treten Sie auch nicht »overdressed« (Festtagsanzug, Opernkleidung) auf. Gehen Sie zum Auswahlgespräch so, wie Sie zu einem Vorstellungsgespräch für einen Ausbildungsplatz oder einen Arbeitsplatz gehen würden. Bei Männern ist Anzug mit Krawatte kein »Muss«, aber auch kein Nachteil. Hose, Jackett und Krawatte wären optimal. Bei Damen besteht kein Kostümzwang, Hose oder Rock mit Bluse und Blazer sind eine gute, dezente Wahl.

Vermeiden Sie zu grelle Farben. Und wenn es schon farbig sein soll, sollten die Farben einigermaßen zusammenpassen. Das ist kein Aufruf zum Opportunismus, sondern ein Appell an Ihren Pragmatismus. Kleiden Sie sich so, wie Sie sich am wohlsten fühlen, aber vermeiden Sie Extreme, damit Sie beim ersten Eindruck, wenn Sie den Raum betreten, auf der anderen Seite keine Abneigung aufgrund Ihres Äußeren hervorrufen. Sie müssten dann im Gesprächsverlauf sehr kräftig punkten, um den ersten schlechten Eindruck durch eine falsche Wahl der Kleidung wieder wettzumachen.

Die Bewerbung

Im Gegensatz zur Studienplatzvergabe nach einer schriftlichen Bewerbung, bei der die Hochschule ihre ausgewählten Kandidaten vor der Einschreibung nicht zu Gesicht bekommt, erfolgt die Studienplatzvergabe mit Auswahlgespräch zumeist in einem zweistufigen Verfahren.

Einer schriftlichen Bewerbung folgt ein Auswahlgespräch mit den vorausgewählten Bewerbern. Dabei ist die schriftliche Bewerbung keine Formalie, sondern die Voraussetzung für das Auswahlgespräch. Anders ausgedrückt: Es folgt der schriftlichen Bewerbung nur dann eine Einladung zum Auswahlgespräch, wenn diese aussagekräftig war, die vorgebrachten Gründe für die Bewerbung plausibel dargestellt waren und sie bei denen, die die schriftlichen Bewerbungen bearbeiten, den Eindruck hinterlassen hat, dass sie eine Einladung zum mündlichen Auswahlgespräch rechtfertigt. Dieses System gleicht dem Auswahlverfahren für einen Ausbildungsplatz oder für einen Arbeitsplatz. Nur diejenigen, die sich überzeugend schriftlich beworben haben, erhalten eine Chance auf das Vorstellungsgespräch.

Je nach Hochschule und Studiengang werden unterschiedliche Bewerbungsunterlagen erwartet. Im Regelfall sollte die Bewerbung jedoch die Unterlagen enthalten, die wir schon im Kapitel über die schriftliche Bewerbung genannt haben (Anschreiben, Kopie bzw. beglaubigte Kopie der Hochschulzugangsberechtigung, Kopie oder beglaubigte Kopie über den Abschluss einer Berufsausbildung, Zeugnisse über Praktika oder Berufstätigkeit, Motivationsschreiben, Lebenslauf). Lesen Sie deshalb, bevor Sie Ihre Bewerbung für ein Auswahlgespräch zu Papier bringen, die Seiten 45 bis 61 dieses Buches noch einmal sehr gründlich.

Der Gesprächsablauf in sechs Akten

In der *Deutschen Universitätszeitung* (DUZ) wurde ein Leitfaden für Dozenten zur Struktur des Auswahlgesprächs veröffentlicht (s. auch Verzeichnis der verwendeten Materialien). Die DUZ ist das Publikationsorgan für die Hochschulen und für die Hochschullehrer / -innen. Von daher können Sie davon ausgehen, dass dieses Insiderwissen bei Auswahlgesprächen angewandt wird. Schon aus diesem Grund haben wir uns bei den folgenden Ausführungen eng an diesen Leitfaden angelehnt, ihn aber um einige wichtige – dort fehlende – Punkte ergänzt.

Ein Auswahlgespräch gleicht einem Theaterstück. Es ist in einzelne Akte eingeteilt. Mit jedem Akt versucht die fragende Seite, bestimmte Dinge über Sie herauszufinden, um schließlich durch die Summe der Akte eine Einschätzung zu bekommen, ob Sie der oder die Richtige für einen bestimmten Studiengang und für die Hochschule sind, für die Sie sich beworben haben.

1. Akt: Die Gesprächseröffnung

Sie hat nur die Funktion, sich zu begrüßen und eine freundliche Gesprächsatmosphäre für die kommenden Akte herzustellen. Der erste Teil des Auswahlgesprächs besteht aus Begrüßung, Vorstellung, einem Hinweis auf das Ziel, den Ablauf und die Dauer des Gesprächs. Es könnten Fragen gestellt werden wie, ob Sie gut hergefunden haben, ob Sie zum ersten Mal hier sind, ob Sie den Raum schnell gefunden haben und dergleichen. Bei dieser Gesprächseröffnung müssen Sie auf zwei Dinge besonderen Wert legen: Wenn Sie eintreten, warten Sie ab, dass Sie begrüßt werden, begrüßen Sie nicht zuerst. Gehen Sie auch nicht zum Händeschütteln auf das Auswahlgremium zu, sondern warten Sie ab, ob man Sie per Handschlag begrüßt oder nicht. Beides ist möglich. Wenn Sie hereinstürmen wie ein Politiker, der das Bad in der Menge sucht, haben Sie die ersten Minuspunkte gesammelt.

Achten Sie sehr genau darauf, wie die Personen auf der Gegenseite Ihnen vorgestellt werden. Üblicherweise wird einer aus der Gruppe der Prüfenden das Gespräch eröffnen und danach stellen die anderen sich vor. Versuchen Sie, sich so viele Namen wie möglich zu merken. Sollten Sie zu diesem Zeitpunkt bereits Platz genommen haben, können Sie sich auch die Namen notieren. Achten Sie aber nicht nur auf die

Namen, sondern – möglicherweise noch wichtiger – auf die Titel. An einer Hochschule gibt es Doktoren und Professoren, beide legen Wert auf diese Titel, es sei denn, sie lassen sie von vorneherein weg. Wenn der Vorsitzende des Auswahlgesprächs sich als Professor Müller, seine Kollegen als Frau Prof. Meier, Herrn Prof. Schulz und Frau Dr. Wagner vorstellt, dann reden Sie bitte während des gesamten Auswahlgesprächs diese Personen mit Professor oder Doktor an. Wenn der Vorsitzende sich als Herr Müller, die anderen als Frau Meier, Herrn Schulz und Frau Wagner vorstellt, dann reden Sie sie auch so an und machen Herrn Müller weder zum Doktor noch zum Professor. Sie mögen darüber möglicherweise schmunzeln, aber Fehler, die Sie an dieser Stelle machen, können sich gravierend auf das Endergebnis auswirken.

2. Akt: Biografische Elemente

Das Auswahlgremium wird Sie auf der Basis Ihrer Bewerbung, Ihres Lebenslaufes oder Ihres biografischen Fragebogens nach Ihrem bisherigen Ausbildungsweg fragen, nach schulischen, berufsbezogenen, außerschulischen Erfahrungen, nach Ihren Interessen oder Hobbys. Auch diese Fragen dienen noch dem Warming-up und haben den Zweck, dass sich die andere Seite ein erstes Bild von Ihnen, Ihrer Persönlichkeit und Ihrem bisherigen Werdegang machen kann. Reagieren Sie deshalb nicht genervt auf Aufforderungen wie *Erzählen Sie doch einmal etwas von sich!* mit: *Hätten Sie meine Unterlagen richtig gelesen, bräuchten Sie diese Frage nicht zu stellen.* Sie sind nicht der einzige Kandidat, und Sie dürfen auch nicht voraussetzen, dass die Auswahlkommission jede einzelne Bewerbung, auch wenn sie sie gründlich gelesen hat, noch im Detail in Erinnerung hat. Wenn Sie aufgefordert werden, sich kurz vorzustellen, liegt die Betonung gleichermaßen auf »kurz« und auf »vorstellen«. Sie sollten in maximal zwei Minuten die wesentlichen Fakten erläutern. Wer Sie sind, wie alt Sie sind, wer Ihre Eltern sind, wo Sie leben, wie Ihr bisheriger schulischer Weg aussah, was Ihre Interessen und Hobbys sind (kurzfassen) und welche außerschulischen Aktivitäten Sie unternommen haben, die für den Studiengang, für den Sie sich bewerben, wichtig sein könnten (eher etwas länger ausführen). Und an dieser Stelle können Sie auch gerne schon zwei oder drei Sätze sagen, warum Sie sich an dieser Hochschule oder für diesen Studiengang beworben haben.

3. Akt: Zentrale Fragen

Hier werden die zentralen Fragen gestellt, anhand derer die gegenübersitzende Seite Ihre Studienmotivation, Ihre Studierfähigkeit für dieses Fach und Ihre richtige oder falsche Selbsteinschätzung im Hinblick auf Anforderungen und Herausforderungen des jeweiligen Faches sowie Ihre Motivation für die Wahl dieser Hochschule testen möchte. In diesem zentralen Block müssen Sie sich auf folgende Fragen einstellen:

- *Was reizt Sie an diesem Studienfach?*
- *Warum haben Sie sich gerade an unserer Hochschule beworben?*
- *Welche Begabungen und Interessen sind Ihrer Meinung nach für unser Studienfach besonders wichtig?*
- *Welche Ihrer Fähigkeiten wird Ihnen in diesem Studiengang besonders nützen?*
- *Welchen Beruf möchten Sie nach dem Studium ergreifen?*

Auf diese Fragen gibt es keine »Patentantworten«, Sie müssen sie vor dem Auswahlgespräch für sich in Ruhe beantworten, denn Sie können sicher sein, diese Fragen werden gestellt. Wie sehr Sie an dieser Stelle punkten, hängt von einer guten Vorbereitung auf diese Fragen ab. Wenn Sie in diesem Teil des Auswahlgesprächs nicht gut antworten, wirkt sich das extrem negativ aus. Auf die Frage, warum Sie sich an dieser Hochschule beworben haben, sollten Sie, das haben wir schon zuvor betont, nicht argumentieren, dass es die nächstgelegene Hochschule ist und Sie weiterhin bei den Eltern wohnen möchten (selbst wenn dies den Tatsachen entspricht). Keine Hochschule lässt sich gerne auf Bewerber ein, deren einziges Motiv die Nähe zum derzeitigen Wohnort ist. Auch wenn ein Studium nur eine »Partnerschaft auf Zeit« ist, sollte die Motivation schon ein wenig mehr umfassen als die Agumente »nächstgelegene Hochschule und Kostenersparnis«.

Auf die Frage *Was reizt Sie an diesem Studienfach?* sollten Sie besser nicht antworten, dass Sie damit gute Berufschancen erwarten, weil dies nicht als optimale Studienmotivation gewertet wird. Bei der Frage, welchen Beruf Sie nach dem Studium ergreifen möchten, sollten Sie sich entweder auf einen Beruf klar festlegen und erläutern, warum Sie diesen ergreifen möchten, oder darauf hinweisen, dass das Studium Wege zu verschiedenen Berufen eröffnet, von denen Sie sich mehrere für Ihre Zukunft vorstellen können. Dies kann Pluspunkte einbringen, weil es auf persönliche Flexibilität hinweist.

Argumentieren Sie immer von Ihrem Interesse und Ihren Begabungen her. Sie wollen dieses Fach studieren, weil Sie gute Noten in bestimmten Schulfächern haben, die für dieses Fach besonders wichtig sind. Sie wollen an dieser Hochschule studieren, weil Sie gehört haben, dass dort gut ausgebildet wird und eine günstige Betreuungsrelation von Lehrenden und Studierenden besteht. Sie möchten einen bestimmten Beruf ergreifen oder einen Berufsweg einschlagen, für den dieses Studium eine wichtige Voraussetzung ist. Und punkten Sie an dieser Stelle mit Insiderwissen: Sie haben ein Praktikum absolviert, mit Leuten gesprochen, die dieses Fach studieren oder die Ihren Wunschberuf bereits ausüben, Sie haben sich schon einmal die Studien- und Prüfungsordnung oder das Modulhandbuch beschafft. Sie haben sich auch schon bei anderen Hochschulen informiert und die Studieninhalte verglichen, und an dieser Hochschule werden genau die Inhalte gelehrt, die Sie studieren möchten. Oder das Ergebnis eines Studienwahltests war, dass Sie für das Fach, für das Sie sich hier bewerben, besonders geeignet sind. An dieser Stelle sind Ihrer Fantasie keine Grenzen gesetzt. Bringen sie möglichst viele gute Argumente vor, denn im dritten Akt werden die meisten Punkte vergeben.

4. Akt: Unangenehme Fragen

Nun können die Fragen noch ein wenig unangenehmer werden. Im Folgenden geben wir Ihnen Hinweise, wie Sie mit solchen Stressfragen umgehen können (S. 79), hier schon einmal einige Beispiele dafür:

- *Warum glauben Sie, sind Sie der Richtige für dieses Studienfach?*
- *Glauben Sie, dass Ihre naturwissenschaftlichen Kenntnisse für ein Studium der Biologie ausreichen?*
- *Sie wollen Wirtschaft studieren. Lesen Sie regelmäßig den Wirtschaftsteil der Tageszeitung, und welche Themen können Sie uns nennen, die in den vergangenen Tagen in den Wirtschaftsnachrichten schwerpunktmäßig behandelt wurden?*
- *Sie wollen Psychologie studieren. Fühlen Sie sich stark genug, ein Berufsleben lang anderen Menschen dabei zu helfen, ihre Probleme zu lösen?*
- *Welche Rolle spielen für Sie Status und Gehalt?*
- *Was ist Ihnen wichtiger, Gehalt oder berufliche Zufriedenheit?*

Diese Fragen bohren ziemlich tief und sind so unangenehm wie ein Gang zum Zahnarzt. Aber Sie sollten sich auf diese Fragen einstellen, weil sie für die fragende Seite ein wichtiger Indikator sind, ob Sie ernsthaftes Interesse an dem Studienfach haben oder ob Ihr Interesse nur oberflächlicher Art ist, ob Sie gute Schulnoten in den für das Studienfach wichtigen Fächern vorweisen können, ob Sie motiviert und leistungsorientiert sind und ob Sie auch eine realistische Vorstellung von dem Studienfach und einem möglichen späteren Beruf haben. Kurzum, im dritten und vierten Akt wird geprüft, ob Sie der passgenaue Bewerber für den Studienplatz sind, um den Sie sich bewerben.

5. Akt: Sie kommen zu Wort

Typische Fragen sind: *Haben Sie noch Fragen an uns?*, *Gibt es noch etwas, das wir von Ihnen wissen sollten?* Halten Sie diesen Teil des Auswahlgespräches nicht für eine vorweggenommene Verabschiedung. Hier sind noch viele Punkte zu holen. Wenn Sie die Frage *Haben Sie noch Fragen an uns?* mit *Nein* beantworten, dann verpassen Sie die Chance, Ihre Motivation für das Studienfach und die Hochschule noch einmal richtig unter Beweis zu stellen. Natürlich haben Sie noch jede Menge Fragen:

- *In welche Berufe gehen die Absolventen Ihres Studiengangs bevorzugt?*
- *Sind für das Fach für die nächsten Jahre neue Schwerpunkte geplant?*
- *Mit welchen ausländischen Hochschulen bestehen Austauschprogramme für einen Auslandsaufenthalt während des Studiums?*
- *Ist ein Auslandsaufenthalt während des Studiums sinnvoll?*
- *Welche musischen und sportlichen Angebote gibt es an der Hochschule?*

Auch hier ist Ideenreichtum gefragt. Überschütten Sie das Auswahlgremium aber bitte nicht mit allen Fragen, die Ihnen einfallen, sondern suchen Sie sich einige aus, mit denen Sie gezielt Ihre Studienmotivation und Ihr Interesse an der Hochschule zum Ausdruck bringen. Auch bei der Frage *Gibt es noch etwas, das wir von Ihnen wissen sollten?* ist Ihr Einfallsreichtum gefragt. Berichten Sie von Ihrem außerschulischen Engagement und von Schlüsselerlebnissen, anhand derer Sie sich für dieses Studienfach entschieden haben.

6. Akt: Gesprächsabschluss

Zum Abschluss des Gesprächs ist es üblich, dass Ihnen der Vorsitzende des Auswahlgremiums mitteilt, bis wann eine Entscheidung erfolgt und wie das weitere Prozedere ist. Vielleicht wird Ihnen bereits ein erstes Resümee vermittelt. Da Sie aber nicht der einzige Bewerber sind, sondern die Entscheidung erst erfolgt, wenn der letzte Kandidat seinen Auftritt hatte, sollten Sie das erste Resümee nicht überbewerten. Es gilt jetzt abzuwarten. Auch hier können Sie noch Punkte sammeln, indem Sie anders als bei der Gesprächseröffnung auf die Fragenden zugehen und Ihnen mit Händedruck für das angenehme Gespräch danken. Dieser letzte positive Eindruck wird Ihnen, wenn es vorher gut lief, die Tür zur Wunschhochschule weiter öffnen.

Schwierige Fragen souverän meistern

Die oben beschriebenen sechs Akte sind normalerweise Bestandteil eines jeden Auswahlgesprächs. Es können, je nach Studienfach, Hochschule und Auswahlkommission, noch Bereiche hinzukommen, um etwas über Ihre soziale Kompetenz, Ihre Fähigkeit, mit Konflikten umzugehen, und über Ihre Kontaktfähigkeit in Erfahrung zu bringen. Auch um Ihre Findigkeit bei der Informationsbeschaffung und Ihr Organisationstalent zu testen, können im Laufe des Auswahlgesprächs einige situative Fragen gestellt werden.

Einige Beispiele:

- *Haben Sie schon eine Situation erlebt, in der Sie mit einem besonders schwierigen Menschen zurechtkommen mussten, und wie haben Sie dies gemeistert?*
- *Sie benötigen für eine Seminararbeit dringend Zahlen über Rüstungsverkäufe von deutschen Unternehmen. Wie besorgen Sie sich diese Zahlen?*
- *Hatten Sie schon einmal Konflikte mit einem Ihrer Lehrer, und wie haben Sie diese gelöst?*

In einigen Fällen können auch Rollenspiele von Ihnen verlangt werden. Damit will man Ihr Einfühlungs- und Argumentationsvermögen, Ihre Flexibilität, Ihre Überzeugungskraft und Ihre Initiative testen.

- *Nehmen Sie an, Sie säßen auf meiner Seite, ich auf Ihrer, welche Fragen würden Sie mir im Hinblick auf Studieneignung und Motivation stellen?*
- *Stellen Sie sich vor, Sie müssten aus einhundert Bewerbungen zwanzig Personen auswählen. Nach welchen Gesichtspunkten würden Sie dabei vorgehen?*
- *Wie stehen Sie zu Studiengebühren?*
- *Sollten die Anforderungen des Abiturs erhöht oder herabgesetzt werden?*

In den beiden letzten Fragen wird vordergründig nach Ihrer persönlichen Meinung gefragt, aber den Fragenden geht es mehr darum, Ihr analytisches und vernetztes Denken, Ihr kritisches Urteilsvermögen, Ihren Einfallsreichtum, Ihre sprachliche Gewandtheit, Ihre Belastbarkeit bei unangenehmen Fragen und die Schnelligkeit Ihrer Antwort zu prüfen.

Gehen Sie deshalb schnelle Mittelwege, keine aufwendige Argumentation für Positionen, die Sie selbst nicht vertreten, und kein ausführliches Plädoyer für Ihre Weltanschauung. Argumentieren Sie ganz einfach: *Dieses Thema ist umstritten. Die Befürworter argumentieren wie folgt … Die Gegner vertreten die folgende Position …* Beantworten Sie solche Fragen mittels einer Analyse, die Pro und Contra nennt und die Argumente abwägt. Damit sind Sie immer auf der sicheren Seite.

Abfrage von Fachwissen

Ein wichtiger Bestandteil dieses Buches ist ein Fragenkatalog (s. S. 133), der Professoren der unterschiedlichsten Fächer vorgelegt wurde. Die Frage, ob sie Fachwissen abfragen würden, haben fast alle Professoren verneint. Aber Vorsicht: Das bedeutet nicht, dass keine Fachfragen kommen können. Diese beziehen sich entweder auf Grundwissen oder sollen in Erfahrung bringen, ob Sie sich bereits mit den zentralen Themen des Faches beschäftigt haben und, das ist besonders wichtig, ob Sie sich regelmäßig über solche Themen informieren. Zur Veranschaulichung vier Beispiele:

1. Im Fach Geschichte wird niemand von Ihnen wissen wollen, an welchem Tag der Erste Weltkrieg begann und wann er endete (obwohl Sie das natürlich wissen), sondern welche Gründe es für den Ausbruch dieses Krieges gab und welche Auswirkungen er für die weitere Entwicklung in Europa hatte.

2. In Rechtswissenschaft wird Sie wohl niemand nach den klassischen Rechtsgebieten und ihren wechselseitigen Abgrenzungen fragen, sondern danach, ob Sie schon mal mit einem Rechtsfall in Berührung gekommen sind oder wie ein Gesetzgebungsverfahren abläuft.

3. In Biologie wird wahrscheinlich nicht gefragt, wie viele Gene sich auf dem Chromosom soundso mit wie vielen Basenpaaren befinden, sondern welche Bedeutung die Gentechnologie für die Bekämpfung von genetisch bedingten Krankheiten haben kann.

4. Bei einer Bewerbung für BWL oder VWL werden wohl keine Aktienkurse abgefragt. Aber welche Rolle die wirtschaftliche Entwicklung für die Politik und die Gesellschaft spielt, oder wie Sie die aktuelle Situation der deutschen Wirtschaft einschätzen, das interessiert schon eher.

Dies überrascht auf den ersten Blick. Aber Hochschullehrer / -innen wissen um die unterschiedlichen schulischen Voraussetzungen für das Studium und haben auch die Erfahrung gemacht, dass die besten Studenten nicht die sein müssen, die das meiste Vorwissen, sondern die die beste Begabung und den notwendigen Fleiß mitbringen.

Damit Sie sich eine Vorstellung machen können, was die gegenübersitzende Seite mit bestimmten Fragen über Sie in Erfahrung bringen oder aus Ihnen »herauskitzeln« möchte, haben wir – angelehnt an die grundlegenden Informationen aus dem Buch vom Peter Krammer (s. Verzeichnis der verwendeten Materialien) – einige Beispiele aufgelistet:

Frage:	*Warum möchten Sie ausgerechnet bei uns studieren?*
Intention der Frage:	Man will wissen, ob Sie sich gut vorbereitet und auch schon Informationen über den Studiengang und die Hochschule eingeholt haben.
Mögliche Antwort:	*Ich habe die Ausbildungsalternativen gründlich überdacht und bin zu dem Ergebnis gekommen, dass Ihr Studiengang mich aus folgenden Gründen am besten auf meine beruflichen Ziele vorbereitet: …*
Frage:	*Was gefiel Ihnen oder was missfiel Ihnen an der Schule?*
Intention der Frage:	Damit will man herausfinden, ob Sie schlecht über Ihre ehemalige Schule oder deren Lehrer sprechen.
Mögliche Antwort:	*Erzählen Sie nur von den positiven Dingen und verweilen Sie nicht kritisch bei einzelnen Personen, die die Interviewer ohnehin nicht kennen.*
Frage:	*Wie finanzieren Sie Ihr Studium?*
Intention der Frage:	Man will wissen, ob Sie sich über die Finanzierung Gedanken gemacht haben.
Mögliche Antwort:	Antworten Sie klar, ob Ihre Eltern das Studium finanzieren, Sie BAföG bekommen, ein Stipendium erhalten werden oder Sie sich in den Semesterferien etwas durch Studentenjobs hinzuverdienen wollen. Wenn Sie Ihr Studium überwiegend durch »Jobben« finanzieren müssen, erwähnen Sie dies hier nicht, weil es den Eindruck erweckt, dass Sie irgendwann in einen Konflikt zwischen den Lehrveranstaltungen und dem Geldverdienen geraten könnten.
Frage:	Falls Sie bereits ein anderes Fach studiert haben, müssen Sie sich auf die unangenehme Frage *Warum möchten Sie Ihr Studienfach wechseln?* einstellen.
Intention der Frage:	Man will herausfinden, ob Sie über eine realistische Planung, Ausdauer und Durchhaltevermögen verfügen.

Mögliche Antwort:	Sie sollten offen über die Probleme sprechen. Zum Beispiel, dass Sie falsch beraten wurden, oder dass Sie eine Fehleinschätzung getroffen haben. Sie sollten aber nicht negativ über die bisherigen Erfahrungen berichten. Versuchen Sie, die Kurve zu kriegen, indem Sie eine Verbindung von Ihrem bisherigen zu Ihrem künftigen Studium sowie zu Ihren Interessen und Begabungen herstellen.

Frage:	*In welchem Bereich haben Sie bisher besondere Initiativen gestartet?*
Intention der Frage:	Man will wissen, ob Sie eher ein aktiver oder ein passiver Mensch sind.
Mögliche Antwort:	Erläutern Sie anhand eines Beispiels, wo und wann Sie Initiative gezeigt haben und damit erfolgreich waren.

Frage:	*Was ist Ihre größte Schwäche?*
Intention der Frage:	Geben Sie Schwächen zu? Sind diese Schwächen für den Studiengang relevant?
Mögliche Antwort:	Keinesfalls sollten Sie mögliche Schwächen, die einen direkten Bezug zum Studiengang haben, eingestehen. Sie sollten Schwächen dort zugeben, wo sie für den Studiengang nicht relevant sind. Zum Beispiel: *Ich habe einen schlechten Orientierungssinn.* Oder: *Französisch kann ich nicht so gut.*

Frage:	*Können Sie auch unter Zeitdruck arbeiten?*
Intention der Frage:	Dahinter steht die Frage, ob und wie weit Sie belastbar sind.
Mögliche Antwort:	*Natürlich. Ich kann unter Zeitdruck gut arbeiten, und ich habe bisher auch immer Zeitvorgaben eingehalten.* (Bringen Sie hier ein Beispiel, aber nicht mehr als eins.)

Frage:	*Beschreiben Sie, wie Sie mit einer Situation umgegangen sind, in der Sie oder Ihre Arbeit kritisiert wurde.*
Intention der Frage:	Können Sie Fehler eingestehen und auch mit Kritik umgehen?
Mögliche Antwort:	Beschreiben Sie eine Situation, aus der deutlich wird, dass Kritik nichts Schlechtes ist, sondern hilft, etwas besser machen zu können.

Frage: *Wie schätzen Sie Ihre Leistungsfähigkeit ein?*

Intention der Frage: Man will herausfinden, ob Sie so etwas wie ein Zeit- und Aufgabenmanagement haben oder ob Sie Dinge eher dem Zufall überlassen.

Mögliche Antwort: Argumentieren Sie, dass Sie ein klares Zeit- und Aufgabenmanagement haben, schildern Sie, wie Sie sich z. B. auf eine Klausur vorbereiten.

Frage: *Welche sind Ihre größten Stärken?*

Intention der Frage: Haben Sie sich überhaupt Gedanken gemacht? Sind diese Stärken für den geplanten Studiengang relevant? Können Sie überzeugend auf die Frage antworten?

Mögliche Antwort: *Meine Stärken sind ...* (und dann aufzählen, erstens, zweitens, drittens). Aber bitte nicht mehr als drei Stärken nennen.

Frage: *Steht eher Ihre persönliche Zufriedenheit oder der berufliche Aufstieg im Zentrum Ihrer Interessen?*

Intention der Frage: Sind Sie »karrieregeil« oder »freizeitsüchtig«?

Mögliche Antwort: Argumentieren Sie, dass berufliches Vorankommen und persönliche Zufriedenheit keine Widersprüche sein müssen. Im Vordergrund sollte die persönliche Zufriedenheit im Beruf stehen. Über berufliche Aufstiegsmöglichkeiten haben Sie sich noch keine weitreichenden Gedanken gemacht. Sie wollen erst erfolgreich studieren, um dann in den Beruf zu starten und sich dort zu bewähren.

Frage: *Was ist Ihnen wichtiger: hohes Gehalt oder hohe berufliche Zufriedenheit?*

Intention der Frage: Geht es Ihnen nur um das Geld oder sind andere Dinge wichtig?

Antwort: *Natürlich die Zufriedenheit. Aber ein Teil dieser Zufriedenheit ist auch, ein gutes Gehalt für gute und engagierte Arbeit zu bekommen.*

Frage: *Arbeiten Sie lieber allein oder in der Gruppe? Was verstehen Sie unter Zusammenarbeit?*

Intention der Frage: Man will herausfinden, ob Sie ein Teammensch oder ein Einzelkämpfer sind.

Mögliche Antwort: *Ich fühle mich im Team sehr wohl, innerhalb eines Teams arbeite ich auch gerne selbstständig. Im Vordergrund stehen aber bei mir mein*

Beitrag, den ich für das Team leisten kann, und das Ergebnis der Gruppe.

Frage: *Was interessiert Sie an Berufen, für die Sie durch unseren Studiengang qualifiziert werden möchten?*

Intention der Frage: Erfragt werden soll, ob Sie sich Gedanken über Ihren späteren Beruf gemacht haben.

Mögliche Antwort: Hier können Sie sich zurückhalten, da Sie zunächst studieren und erst danach arbeiten möchten. Pluspunkte bringt es aber, wenn Sie wissen, für welche Berufe dieser Studiengang qualifiziert (nennen Sie einige mögliche Berufe), und wenn Sie zeigen können, dass Sie sich schon ein paar Gedanken über Ihren künftigen Beruf gemacht haben.

Frage: *Nennen Sie uns einige Bereiche, die Ihnen besonders schwerfallen, und erklären Sie warum.*

Intention der Frage: Hier wird kräftig in Ihren Schwächen gebohrt.

Mögliche Antwort: Machen Sie aus dem Auswärtsspiel ein Heimspiel und nennen Sie einige Bereiche, die Ihnen eher schwerfallen, z. B. handwerkliches Geschick oder Reparatur von Geräten (aber nicht bei technischen Studiengängen) oder Kochen oder *Ich bin nicht besonders sportlich* usw.

Frage: *Warum sollten wir die anderen Bewerber nicht aufnehmen?*

Intention der Frage: Wie reden Sie über andere? Haben Sie genügend Selbstbewusstsein?

Mögliche Antwort: *Ich kenne meine Mitbewerber nicht und muss es natürlich Ihrer Entscheidung überlassen, wen Sie auswählen. Ich gehe davon aus, dass auch die anderen sehr qualifiziert sind und dass die Auswahl für Sie sicher nicht einfach sein wird. Ich kann Ihnen nur Argumente nennen, warum Sie mich nehmen sollten.*

Frage (bei Gruppengesprächen): *Wie haben Ihre Mitbewerber auf Sie gewirkt?*

Intention der Frage: Intendiert ist, Ihre Einschätzung herauszufinden, wie Sie sich in Relation zu Ihren Mitbewerbern einschätzen und wie Sie über diese sprechen.

Mögliche Antwort:	*Ich habe meine Mitbewerber als sehr kompetent empfunden, vor allem Frau Soundso und Herrn Soundso.* Sagen Sie nichts Negatives über Ihre Konkurrenten!
Frage:	*Haben Sie sich auch an einer anderen Hochschule beworben?*
Intention der Frage:	Hier wird getestet, ob Sie ehrlich antworten und wie wichtig Ihnen dieser Studiengang ist.
Mögliche Antwort:	*Obwohl ich hoffe, dass ich von Ihnen die Zulassung zum Studium bekomme, habe ich mich auch bei der Hochschule x für das Studienfach beworben. Ich würde aber, sollte ich zwei Zulassungen erhalten, den Studienplatz an Ihrer Hochschule bevorzugen.*
Frage:	*Wir haben bisher schlechte Erfahrungen mit Studenten gemacht, die von Ihrer Schule kommen.*
Intention der Frage:	Getestet wird, ob Sie auf diesen kollektiven Angriff gelassen reagieren können.
Mögliche Antwort:	*Ich weiß nicht, wer von meiner Schule hier früher studiert hat. Ich kann Ihnen nur versichern, dass ich mich nach reiflicher Überlegung für diesen Studiengang beworben habe und dass ich glaube, alle Voraussetzungen zu haben, das Studium erfolgreich abschließen zu können. Wenn Sie mich nehmen, würde ich alles daransetzen, das bisher schlechte Image meiner Schule durch meine Leistungen zu verbessern.*
Frage:	*Was wissen Sie von unserer Hochschule bzw. dem Studiengang? Wann haben Sie zum ersten Mal hiervon gehört?*
Intention der Frage:	Man will herausfinden, wie gut Sie vorbereitet sind, ob Sie wissen, wofür Sie sich bewerben oder ob diese Bewerbung eher eine Spontanaktion ist.
Mögliche Antwort:	*Ich habe mich stark auf das Abitur konzentriert und mich danach sehr ausführlich informiert. Auf Ihre Hochschule und Ihr Studienplatzangebot bin ich vor etwa fünf Monaten aufmerksam geworden. Ich habe mich erst im Internet hierüber informiert, dann die Studien- und Prüfungsordnung gelesen und habe einige Wochen später die Allgemeine Studienberatung und Ihre Fachstudienberatung aufgesucht.*
Frage:	*Würden Sie sich in einem anderen Studiengang nicht wohler fühlen?*
Intention der Frage:	Man will wissen, ob Sie Ihre Bewerbung gut durchdacht haben.

Mögliche Antwort:	*Es geht mir weniger um das Wohlfühlen. Ich weiß ziemlich genau, was ich möchte und welche Herausforderung auf mich zukommt. Ich glaube, dass dies genau das richtige Studienfach für mich ist. Ich möchte mich mit diesem Studiengang optimal auf künftige Berufsziele vorbereiten.* (Nennen Sie an dieser Stelle ein oder zwei mögliche Berufe.)

Frage:	*Wie viele Stunden, schätzen Sie, müssen Sie pro Woche für das Studium aufbringen?*
Intention der Frage:	Getestet werden soll, ob Sie sich informiert haben und ob Ihre Einschätzung vernünftig ist.
Mögliche Antwort:	*Nach Ihrer Studienordnung sind in den ersten Semestern ca. 20 bis 25 Stunden an Lehrveranstaltungen zu absolvieren. Ich schätze, dass weitere 15 bis 20 Stunden für die Vor- und Nachbereitung der Lehrveranstaltungen anfallen. In den Wochen, in denen Klausuren geschrieben werden, werden noch mal einige Stunden Prüfungsvorbereitung hinzukommen.*

Frage:	*Welche Entscheidungen fallen Ihnen schwer?*
Intention der Frage:	Man will Ihre Schwächen herausfinden.
Mögliche Antwort:	Nehmen Sie kein Beispiel mit Bezug auf das künftige Studium. Erzählen Sie z. B., dass Sie sich in Kürze ein Auto zulegen wollen; das Abwägen der entstehenden Anschaffungs- und Unterhaltungskosten gegenüber dem Nutzen macht Ihnen die Kaufentscheidung nicht leicht. Oder führen Sie an, dass Sie, wenn Sie sich einen neuen Computer kaufen wollen, vorher sehr viele Vergleichsangebote studieren.

Frage:	*Mit welchen Menschen sind Sie gerne / ungern zusammen?*
Intention der Frage:	Man will herausfinden, welche Menschen Sie mögen und welche nicht.
Mögliche Antwort:	*Gerne bin ich mit ehrlichen, freundlichen und kompetenten Menschen zusammen. Bisher habe ich wenig Erfahrung mit unangenehmen Menschen gemacht. Aber selbst wenn mir ein Mensch wenig sympathisch ist, würde ich versuchen, im Interesse der Sache mit ihm konstruktiv zu kommunizieren.*

Frage:	*Aus welchem Grund sollten wir gerade Sie auswählen? Oder alternativ: Was bieten Sie, was andere Bewerber nicht bieten können?*
Intention der Frage:	Diese Fragen sind fies, weil sie testen sollen, ob Sie von sich und Ihren Zielen überzeugt sind.
Mögliche Antwort:	Reagieren Sie gelassen und sachlich. Zwei Antwortmöglichkeiten sind: *Ich erfülle, nach meiner Einschätzung, all die Qualifikationen, die Sie für diesen Studiengang voraussetzen.* (Nennen Sie anschließend Ihre Qualifikationen). Oder Sie argumentieren selbstbewusst: *Ich habe Ihr Informationsmaterial sehr gründlich gelesen, dies mit meinen bisherigen Stärken in der Schule verglichen und bin zu dem Ergebnis gekommen, dass meine Voraussetzungen und Qualifikationen optimal mit Ihren Anforderungen übereinstimmen.*

Frage:	*Sollten wir Ihre Bewerbung nicht berücksichtigen können, was machen Sie dann?*
Intention der Frage:	Diese Frage ist eine der schwierigsten, aber sie wird in den meisten Gesprächen in dieser oder in ähnlicher Form gestellt. Auch wenn Sie der letzte Bewerber sind, zu diesem Zeitpunkt weiß auch die Gegenseite noch nicht, wen sie aufnimmt. Deshalb ist diese Frage eher suggestiv und soll noch einmal Ihre Motivation für das Studium und die Hochschule ergründen und eventuell die Neugierde der Prüfer befriedigen, wo Sie sich gegebenenfalls auch noch beworben haben.
Mögliche Antwort:	Bleiben Sie hart und verweisen Sie an dieser Stelle nicht darauf, dass Sie sich ja auch andernorts beworben haben, sonst schwächen Sie Ihre Position. Malen Sie bitte auch kein Horrorszenario an die Wand wie *Dann ginge für mich die Welt unter* oder *Es wäre eine Katastrophe.* Hier ist eine ideale Antwort: *Ich wünsche mir sehr, das Aufnahmeverfahren an Ihrer Hochschule zu bestehen und hoffe, alles gegeben zu haben, um dies zu erreichen. Schließlich geht es für mich darum, eine optimale Ausbildung für die Verwirklichung meiner beruflichen Ziele zu bekommen, und ich glaube, dass ich diese am ehesten in Ihrem Studienfach erhalte. Ich würde mich freuen, wenn Sie mir die Möglichkeit geben würden, bei Ihnen studieren zu dürfen. Ich hoffe, dass es mir gelungen ist, Sie von der Ernsthaftigkeit meiner Bewerbung und meinem Interesse an dem Studiengang und an Ihrer Hochschule zu überzeugen. Ich danke Ihnen sehr herzlich für die*

Einladung zu dem Auswahlgespräch und danke Ihnen ebenso für die angenehme Gesprächsatmosphäre.

Derart schlüssig argumentierend, fahren Sie die letzten Punkte ein, die Sie eventuell noch brauchen.

Möglicherweise müssen Sie sich im Auswahlgespräch mit einigen besonders unangenehmen Fragen oder Aussagen auseinandersetzen, die wir ebenfalls, anhand von Erfahrungen mit Auswahlgesprächen in Österreich (s. hierzu ausführlich im Verzeichnis der verwendeten Materialien das Buch von Peter Krammer), weiter unten auflisten. Sie werden aber meist entweder gar nicht oder nur mit wenigen solcher Fragen »belästigt«. Wenn Sie all das beherzigen, was Sie bisher in diesem Buch über das Auswahlgespräch gelesen haben, dann bleiben Ihnen solche Fragen oder Anmerkungen wahrscheinlich erspart:

- *Sie stellen dauernd Gegenfragen und beantworten die Ihnen gestellten Fragen nur unzureichend.*
- *Ihr Wissen über die Hochschule und / oder den Studiengang ist unzureichend, und wir haben den Eindruck, dass Sie sich nicht im Klaren darüber sind, wofür Sie sich beworben haben.*
- *Sie qualifizieren Ihre Mitbewerber ab als mittelmäßig oder ganz nett. Machen Sie das auch sonst so?*
- *Wir haben den Eindruck, dass Sie kein Berufsziel haben und auch keine klare Vorstellung vom Studium.*
- *Sie begründen schlechte Schulnoten mit der Schuld der Lehrer.*
- *Kann es sein, dass Sie den Zeitaufwand für das Studium falsch einschätzen?*
- *Sie profilieren sich als Mensch mit » Ellbogentaktik « statt als Teamspieler.*
- *Können Sie Ihre Stärken und Schwächen wirklich einschätzen?*
- *Sie zögern ziemlich lange bei der Beantwortung der Fragen.*
- *Ihre Antworten sind untereinander nicht »stimmig«.*
- *Bei schwierigen Fragen reagieren Sie angegriffen und schlagen verbal zurück.*
- *Ihre Antworten sind eher oberflächlich. Sie bringen keine Beispiele und wenig Fakten.*
- *Sie haben unrealistische Berufsvorstellungen (z. B. Manager direkt nach dem Studium).*
- *Sie kennen keine Unternehmen, die in der Branche tätig sind, für die der Studiengang qualifiziert.*

Für die Reaktion auf solche Stressfragen oder provokanten Aussagen gilt durchgängig: Lassen Sie sich nicht provozieren und antworten Sie sachlich und nicht emotional. Schießen Sie auf keinen Fall mit gleichem Kaliber zurück. Auch wenn Sie gerne sagen würden: *Ich würde ja gerne antworten, wenn Sie mich mal ausreden lassen würden* oder *Stellen Sie mal konkrete und nicht so schwammige Fragen.* Unterlassen Sie solche Gegenattacken. Bleiben Sie gelassen! Die Leitlinie muss sein, das tiefe Interesse und die Qualifikationen für den gewünschten Studiengang herauszustellen und diese auch mit Bestimmtheit vorzutragen. Zeigen Sie sich selbstbewusst und nicht erschütterbar in Ihrem Studien- und Ortswunsch.

Das Gruppengespräch

Beim Einzelinterview stehen Sie allein einer Gruppe von Fragenden gegenüber. Im Gruppengespräch werden gleichzeitig mehrere Bewerber getestet. Das Gruppengespräch / -interview unterscheidet sich inhaltlich nicht vom Einzelgespräch / -interview. Sie dürfen die gleichen Fragen erwarten, doch dauert dieses Gespräch, weil mehrere Bewerber zu Wort kommen, etwa doppelt bis dreimal so lange.

Mit wie viel Studienbewerbern das Gruppengespräch abläuft, kann recht unterschiedlich sein. Als Anhaltspunkt sollten Sie davon ausgehen, dass drei, maximal vier Bewerber gleichzeitig dem Auswahlgremium gegenübersitzen.

Beim Gruppengespräch gilt es, eine eiserne Regel zu beachten: Es geht nicht darum, wer von den drei oder vier Kandidaten am besten abschneidet, sondern es handelt sich ganz einfach um ein gleichzeitiges Gespräch mit mehreren Personen. Machen Sie also auf keinen Fall den Fehler, dass Sie sich zu einem Wettkampf herausgefordert fühlen und sich auf Kosten der anderen Bewerber zu profilieren versuchen. Dies kann sich negativ auf Ihre Bewerbung auswirken. Wenn Sie also nur darauf warten, dass ein Bewerber eine Frage nicht schnell oder gut genug beantwortet, um gleich mit einer besseren Antwort vorzupreschen, wenn Sie Mitbewerbern ins Wort fallen, während diese sprechen, und wenn Sie überhaupt den Eindruck erwecken, Sie leiden an Profilierungssucht und wollen mal so richtig zeigen, wer hier in der Runde die Nummer 1 ist, dann sammeln Sie auch mit guten Antworten Minuspunkte bei den Mitgliedern des Auswahlgremiums. Denn diese sind nicht zusammengekommen, um den durchsetzungsfähigsten, lautstärksten Bewerber auszusuchen, sondern den mit der für das Fach notwendigen Begabung und hoher Studienmotivation. Einzelgängertum ist in keinem Studium gefragt, sondern soziale Kompetenz, und die stellen Sie nicht dadurch unter Beweis, dass Sie die anderen Gesprächsteilnehmer verbal niederknüppeln. Also unterlassen Sie bitte alles, was diesen Eindruck hervorrufen oder verstärken könnte. Gehen Sie das Gruppengespräch so an, als handele es sich um ein Einzelinterview. Dies hat außerdem den Vorteil, dass während die anderen reden, Sie sich auf die nächste Frage vorbereiten oder sich zu einer vorherigen Frage ein paar Argumente einfallen lassen können, die Sie, wenn Sie wieder an der Reihe sind, am Anfang noch kurz ansprechen können.

Natürlich wird die Auswahlkommission ein klein wenig zwischen den Bewerbern vergleichen, wer am stärksten bzw. am schwächsten in der Argumentation gewesen ist. Aber das ist nur eine Momentaufnahme, besser die Nummer 2 in der stärksten Gruppe als der Stärkste in der schwächsten Gruppe.

Gruppengespräche haben häufig nicht die Funktion des Auswählens innerhalb der Gruppe, sondern werden aus rein praktischen Gründen eingerichtet. Wenn eine Hochschule Dutzende oder gar Hunderte von Bewerbern zu Auswahlgesprächen, für die nur wenige Tage zur Verfügung stehen, eingeladen hat, sind Gruppengespräche häufig die einzige Möglichkeit. Vergessen Sie bitte nicht, dass diejenigen, denen Sie im Auswahlgespräch gegenübersitzen, dies nicht hauptberuflich tun, sondern Hochschullehrer /-innen mit weitreichenden Aufgaben in Lehre und Forschung sind. Die Auswahl der Bewerber für die Studienplätze ist eine zusätzliche zeitliche Belastung, nicht nur für die Bewerber, sondern auch für das Auswahlgremium.

Das Gespräch mit Referat

Hierbei handelt es sich nicht um ein separates Auswahlverfahren, sondern um eine Ergänzung zu einem Einzel- oder Gruppengespräch. Zu Beginn des Auswahlgesprächs erhalten alle Bewerber entweder ein Thema oder können sich aus mehreren Themen eines aussuchen, über das sie dann, nach einer entsprechenden Vorbereitungszeit (ca. 15 – 30 Minuten), vor der Auswahlkommission einige Minuten frei referieren müssen. Die Themen sind den Bereichen Allgemeinbildung, Aktualität oder dem Studienfach, für das sie sich bewerben, entnommen.

Hierzu einige Beispiele:

a) Themen aus dem Bereich Allgemeinbildung:

- *Welche Rolle spielt Bildung in unserer Gesellschaft?*

- *Skizzieren Sie die Entwicklungen in Deutschland seit der Wiedervereinigung.*

- *Was würden Sie, wenn Sie Kultusminister wären, am deutschen Schulsystem ändern?*

b) Aktuelle Fragen:

- *Worin sehen Sie die Ursache für die Radikalisierung in einigen islamischen Ländern?*
- *Welche Vor- und Nachteile hätte die Wahl des Bundespräsidenten durch das Volk?*
- *Würden Sie für oder gegen Volksentscheide plädieren?*
- *Was fällt Ihnen zum Thema Energiewende ein?*

c) Fachspezifische Fragen (am Beispiel einer Bewerbung um einen Studienplatz in Wirtschaftswissenschaften):

- *Wie beurteilen Sie die derzeitigen Diskussionen um die Begrenzung von Managergehältern?*
- *Wie hat sich die Börse in den vergangenen Jahren entwickelt, und welche Prognose würden Sie für die nächsten Jahre wagen?*
- *Wie lassen sich, nach Ihrer Einschätzung, die künftigen Sozialsysteme in Europa finanzieren?*

Sie sind noch aus Ihrer Schulzeit gewöhnt, Kurzreferate zu halten. Wenn Ihnen die Möglichkeit gegeben wird, Stichworte zu Ihrem Kurzvortrag zu machen, nehmen Sie diese in Anspruch. Schreiben Sie sich einzelne Gedanken auf in der Reihenfolge, in der Sie sie vortragen wollen. Sollten Hilfsmittel nicht erlaubt sein, bleibt Ihnen nur Ihr Kopf als Merkzettel. Notieren Sie sich gedanklich, welche Argumente Sie in welcher Reihenfolge vortragen wollen.

Gehen Sie am Anfang Ihres Kurzreferates direkt auf das Thema des Kurzvortrages ein, da Sie nur wenig Zeit haben, vergeuden Sie diese nicht mit langen Vorüberlegungen, Definitionen oder Argumenten, die nicht direkt mit dem Thema zu tun haben. Beziehen Sie klar Position. Nicht Ihre politische Ansicht wird geprüft, sondern die Fähigkeit, eine Meinung mit guten Argumenten vorzutragen. Vermeiden Sie aber provokante Thesen, die Sie nicht oder nur mit schwachen Argumenten belegen können. Versuchen Sie umgekehrt, das Thema von verschiedenen Seiten anzugehen nach dem Motto *Ein Teil der Bevölkerung vertritt diese Meinung mit den Argumenten …, ein anderer Teil sieht es anders …* oder *Dafür sprechen folgende Argumente …, für die Gegenposition folgende andere Argumente …* Nach Vortrag von Pro- und Kontra-Argumenten sollten Sie aber gegen Ende Ihre eigene Meinung kundtun und diese mit ein paar Sätzen abschließend erläutern.

Jede /-r ist bei einem Kurzvortrag, gerade wenn es um so etwas Wichtiges wie den Studienplatz geht, nervös. Versuchen Sie die Nervosität zu übergehen, indem Sie ruhig, langsam und durchdacht argumentieren. Verhaspeln Sie sich nicht in Teilgedanken. Bilden Sie unter allen Umständen kurze Sätze. Bandwurmsätze, bei denen Sie am Ende nicht mehr wissen, was Sie am Anfang gesagt haben, sollten Sie vermeiden. Und der wichtigste Tipp: Üben Sie, wenn Sie in Erfahrung gebracht haben, dass ein Referat Bestandteil des Auswahlgesprächs ist, dieses anhand von Beispielen vor Ihrer Familie, vor Bekannten oder Freunden und hören Sie auf deren Feedback und Einschätzung. Auch wer rhetorisch nicht übermäßig begabt ist, kann mit einigem Üben eine souveräne Vorstellung zustande bringen.

Schriftliche Eignungs- und Studierfähigkeitstests

Bei den schriftlichen Eignungstests handelt es sich um Tests, mit denen versucht wird, etwas über Ihre Persönlichkeit zu erfahren oder bestimmte Voraussetzungen abzufragen, die für das Studium eines Faches von besonderer Wichtigkeit sind. Deshalb beschreiben wir Ihnen kurz die gängigen Tests und geben Ihnen Beispiele, wie Fragen bei solchen Tests aussehen können.

Solche Tests sind meistens gedacht als sogenannte Ergänzungstests, um das Bild eines Bewerbers /einer Bewerberin abzurunden. Sie entscheiden nicht allein über die Studienplatzvergabe, sondern können der Gesamtbeurteilung einige Plus- oder Minuspunkte hinzufügen.

Persönlichkeitstests

Diese Tests sollen die Möglichkeit bieten, sich eine Vorstellung von Ihrer Persönlichkeit zu machen. Sie sollen, um einige Beispiele zu geben, ermitteln, ob Sie ein fleißiger, zielstrebiger Mensch sind, wie ausgeprägt Ihre sozialen Kompetenzen sind, ob Sie ein Einzelkämpfer oder eine teamorientierte Person sind, ob Sie kreativ und fantasievoll sind, wie Sie sich in bestimmten Situationen verhalten und wie Sie Lösungsstrategien für ein bestimmtes Problem entwickeln würden. Man verwendet solche Tests auch für die Ermittlung der sogenannten Soft Skills, die neben den fachlichen Voraussetzungen Grundlage für das jeweilige Studium oder den Beruf sind.

Wichtige Schlüsselqualifikationen können sein:

- Kontaktfreude
- Teamorientierung
- Entscheidungsfreude
- körperliche Belastbarkeit
- handwerklich-technisches Geschick
- technisches Verständnis
- soziales Interesse/soziales Engagement
- Führungsfähigkeit
- Sprachgewandtheit
- Interesse am äußeren Erscheinen
- Verkaufsfähigkeit
- Ordnungssinn
- künstlerische Begabung und Kreativität
- Rechtsbewusstsein
- mathematisches Verständnis und logisch-abstraktes Denken
- naturwissenschaftliches Verständnis
- Seriosität
- materielle Orientierung
- Naturverbundenheit
- pädagogisches Geschick

An dieser Stelle haben wir einen kleinen Test aufgeführt, damit Sie die Möglichkeit haben, beispielhaft entsprechende Testfragen zu beantworten und anhand einer Selbsteinschätzung Ihre Schlüsselqualifikationen zu ermitteln.

Der Test besteht darin, dass Sie versuchen, sich bezüglich verschiedener vorgegebener Aussagen auf einer Skala von 1 – 10 selbst einzuschätzen.

Hierzu ein Beispiel. Die Frage lautet: *Gehen Sie gerne ins Theater?* Sie kreuzen eine 4 an. Dies bedeutet, dass Sie offensichtlich nicht besonders gerne ins Theater gehen, aber Sie können sich auch noch unangenehmere Dinge vorstellen. Jemand, der kein Theaterstück auslässt, hätte bei dieser Frage sicher die 10 gewählt.

Für dieses Beispiel könnten die Zahlen insgesamt etwa folgendermaßen beschrieben werden:

① = Ich gehe grundsätzlich nie ins Theater
② = Nur wenn es unbedingt sein muss
③ = Höchstens einmal im Jahr
④ = Recht selten
⑤ = Hin und wieder
⑥ = Des Öfteren
⑦ = Regelmäßig
⑧ = Sehr gerne und oft
⑨ = Lasse kaum ein Theaterstück aus
⑩ = Absoluter Theaterfreak

Test zur Ermittlung von Schlüsselqualifikationen

Beantworten Sie bei dem folgenden Test alle Fragen, auch wenn Ihnen einige komisch oder nicht wichtig erscheinen. Seien Sie dabei vor allem sich selbst gegenüber ehrlich. Beschreiben Sie sich auf keinen Fall so, wie Sie gerne sein möchten, sondern versuchen Sie, eine realistische Einschätzung Ihrer eigenen Person abzugeben. Oder machen Sie den Test und lassen ihn parallel jemanden, der Sie sehr gut kennt und Ihre Stärken und Schwächen gut einschätzen kann, im Hinblick auf Ihre Person ausfüllen. Dann erhalten Sie eine Selbst- und eine Fremdeinschätzung, die sie vergleichen und in die Auswertung einbeziehen können (s. u.).

		stimmt überhaupt nicht	stimmt voll und ganz
1.	Wenn ich etwas erkläre, verstehen dies die anderen meistens sehr schnell.	①②③④⑤⑥⑦⑧⑨⑩	
2.	Es macht mir Spaß, mich körperlich zu verausgaben.	①②③④⑤⑥⑦⑧⑨⑩	
3.	Menschen müssen sich an Gesetze halten, auch dann, wenn sie deren Sinn nicht einsehen.	①②③④⑤⑥⑦⑧⑨⑩	
4.	Wenn mein Fahrrad / Mofa kaputt ist, repariere ich es selbst.	①②③④⑤⑥⑦⑧⑨⑩	
5.	Ordnung muss sein, auch wenn dies manchen Menschen nicht passt.	①②③④⑤⑥⑦⑧⑨⑩	

	stimmt überhaupt nicht	stimmt voll und ganz

6. Es macht mir Spaß, etwas schriftlich zu formulieren. ①②③④⑤⑥⑦⑧⑨⑩

7. Der Erfolg eines Teams ist entscheidender als der des Einzelnen. ①②③④⑤⑥⑦⑧⑨⑩

8. Eine Arbeit, bei der ich meine eigenen Ideen und meine Kreativität nicht voll und ganz einbringen kann, würde mir keinen Spaß machen. ①②③④⑤⑥⑦⑧⑨⑩

9. Es fällt mir leicht, auf andere Leute zuzugehen. ①②③④⑤⑥⑦⑧⑨⑩

10. Es macht mir Spaß, anderen einen komplizierten Sachverhalt ausführlich zu erklären. ①②③④⑤⑥⑦⑧⑨⑩

11. Es würde mir Spaß machen, die Kunden unseres Unternehmens von den Vorzügen unserer Produkte zu überzeugen. ①②③④⑤⑥⑦⑧⑨⑩

12. Ich arbeite immer sehr ordentlich, auch wenn es etwas länger dauert. ①②③④⑤⑥⑦⑧⑨⑩

13. Es macht mir Spaß, mich geschmackvoll zu kleiden. ①②③④⑤⑥⑦⑧⑨⑩

14. Andere würden mich als sehr zuverlässig beschreiben. ①②③④⑤⑥⑦⑧⑨⑩

15. Ich baue gerne Sachen zusammen. ①②③④⑤⑥⑦⑧⑨⑩

16. Die Fächer Physik, Chemie und Biologie gehören zu meinen Stärken. ①②③④⑤⑥⑦⑧⑨⑩

17. Wenn ich mir etwas Größeres anschaffen möchte, versuche ich, mit dem Verkäufer einen besonders günstigen Preis auszuhandeln. ①②③④⑤⑥⑦⑧⑨⑩

18. Die heutigen Menschen sind viel zu sehr von Technik geprägt und verstehen kaum noch etwas von der Natur. ①②③④⑤⑥⑦⑧⑨⑩

		stimmt überhaupt nicht	stimmt voll und ganz

19. Es fällt mir leicht, mit unbekannten Menschen Kontakt aufzunehmen. ①②③④⑤⑥⑦⑧⑨⑩

20. Ich habe oft das Bedürfnis, Menschen in schwierigen Situationen zu helfen. ①②③④⑤⑥⑦⑧⑨⑩

21. Ich mag Aufgaben, bei denen ich Schritt für Schritt überlegen muss, um am Ende die richtige Lösung zu finden. ①②③④⑤⑥⑦⑧⑨⑩

22. Es fällt mir leicht, mich sprachlich gewandt auszudrücken. ①②③④⑤⑥⑦⑧⑨⑩

23. Es macht mir Spaß, mir verschiedene Wege zu überlegen und mich für einen zu entscheiden. ①②③④⑤⑥⑦⑧⑨⑩

24. Ich sehe gerne Dokumentarfilme über die Tier- und Pflanzenwelt. ①②③④⑤⑥⑦⑧⑨⑩

25. Ich verrichte eine längere Arbeit lieber im Stehen als im Sitzen. ①②③④⑤⑥⑦⑧⑨⑩

26. Ich verstehe nur schwer, dass viele Leute so zögerlich sind, wenn sie sich für oder gegen etwas entscheiden sollen. ①②③④⑤⑥⑦⑧⑨⑩

27. Ich habe eine gute Begabung für Formen, Farben und deren Gestaltung oder Komposition. ①②③④⑤⑥⑦⑧⑨⑩

28. In Diskussionsrunden übernehme ich gerne eine führende Rolle. ①②③④⑤⑥⑦⑧⑨⑩

29. Ich kann meine eigenen Wünsche denen einer Gruppe unterordnen. ①②③④⑤⑥⑦⑧⑨⑩

30. Naturwissenschaftliche Experimente finde ich faszinierend. ①②③④⑤⑥⑦⑧⑨⑩

31. Ohne Gesetze und Ordnungen würde die Menschheit in einem völligen Chaos leben. ①②③④⑤⑥⑦⑧⑨⑩

32. Ich finde es sehr wichtig zu wissen, wie technische Geräte aufgebaut sind oder wie sie funktionieren. ①②③④⑤⑥⑦⑧⑨⑩

		stimmt überhaupt nicht	stimmt voll und ganz

33. Schwierige mathematische Aufgaben sind für mich eine Herausforderung, die ich gerne annehme.

① ② ③ ④ ⑤ ⑥ ⑦ ⑧ ⑨ ⑩

34. Ich finde, dass viele Leute sich zu wenig um ihr Aussehen kümmern.

① ② ③ ④ ⑤ ⑥ ⑦ ⑧ ⑨ ⑩

35. Sich um andere zu kümmern ist genauso wichtig, wie um sich selbst.

① ② ③ ④ ⑤ ⑥ ⑦ ⑧ ⑨ ⑩

36. Das Geld liegt auf der Straße, man muss nur cleverer sein als die anderen.

① ② ③ ④ ⑤ ⑥ ⑦ ⑧ ⑨ ⑩

37. Wenn mir jemand etwas im Vertrauen sagt, kann er sich darauf verlassen, dass es kein anderer erfährt.

① ② ③ ④ ⑤ ⑥ ⑦ ⑧ ⑨ ⑩

38. Zu idealistisch sollte man seinen Beruf nicht sehen. Es kommt vor allem darauf an, Geld zu verdienen.

① ② ③ ④ ⑤ ⑥ ⑦ ⑧ ⑨ ⑩

39. Ich traue mir zu, auch in schwierigen Situationen ein Team anzuführen.

① ② ③ ④ ⑤ ⑥ ⑦ ⑧ ⑨ ⑩

40. Eine Ausstellung über den Fortschritt der Technik würde ich sehr gerne besuchen.

① ② ③ ④ ⑤ ⑥ ⑦ ⑧ ⑨ ⑩

Auswertung des Tests

Zunächst der erste Schritt: Übertragen Sie bitte die Werte, die Sie den einzelnen Aussagen zugeordnet haben, in die jetzt folgenden Felder und teilen Sie die Summe durch zwei. Die so erreichte Punktzahl bei jeder Schlüsselqualifikation gibt das Maß wieder, in dem Ihre Schlüsselqualifikation ausgeprägt ist.

Erste Schlüsselqualifikation: **Kontaktfreude**

Aussage Nr. ___  ___ = _____ ÷ 2 = _____
                 9   19   Summe   Gesamt

Zweite Schlüsselqualifikation: **Teamorientierung**

Aussage Nr. ___ + ___ = _____ ÷ 2 = _____
                 7   29   Summe   Gesamt

Dritte Schlüsselqualifikation: **Entscheidungsfreude**

Aussage Nr. ___ + ___ = _____ ÷ 2 = _____
                 23   26   Summe   Gesamt

Vierte Schlüsselqualifikation: **Körperliche Belastbarkeit**

Aussage Nr. ___ + ___ = _____ ÷ 2 = _____
                 2   25   Summe   Gesamt

Fünfte Schlüsselqualifikation: **Handwerklich-technisches Geschick**

Aussage Nr. ___ + ___ = _____ ÷ 2 = _____
                 4   15   Summe   Gesamt

Sechste Schlüsselqualifikation: **Technisches Verständnis**

Aussage Nr. ___ + ___ = _____ ÷ 2 = _____
                 32   40   Summe   Gesamt

Siebte Schlüsselqualifikation: **Soziales Interesse / Engagement**

Aussage Nr. ___ + ___ = _____ ÷ 2 = _____
                 20   35   Summe   Gesamt

Achte Schlüsselqualifikation: **Führungsfähigkeit**

Aussage Nr. ___ + ___ = _____ ÷ 2 = _____
                 28   39   Summe   Gesamt

Neunte Schlüsselqualifikation: **Sprachgewandtheit**

$$\underset{\text{Aussage Nr.}}{\underline{\hspace{1cm}}_{6}} + \underline{\hspace{1cm}}_{22} = \underset{\text{Summe}}{\underline{\hspace{2cm}}} \div 2 = \underset{\text{Gesamt}}{\underline{\hspace{2cm}}}$$

Zehnte Schlüsselqualifikation: **Interesse am äußeren Erscheinen**

$$\underset{\text{Aussage Nr.}}{\underline{\hspace{1cm}}_{13}} + \underline{\hspace{1cm}}_{34} = \underset{\text{Summe}}{\underline{\hspace{2cm}}} \div 2 = \underset{\text{Gesamt}}{\underline{\hspace{2cm}}}$$

Elfte Schlüsselqualifikation: **Verkaufsfähigkeit**

$$\underset{\text{Aussage Nr.}}{\underline{\hspace{1cm}}_{11}} + \underline{\hspace{1cm}}_{17} = \underset{\text{Summe}}{\underline{\hspace{2cm}}} \div 2 = \underset{\text{Gesamt}}{\underline{\hspace{2cm}}}$$

Zwölfte Schlüsselqualifikation: **Ordnungssinn**

$$\underset{\text{Aussage Nr.}}{\underline{\hspace{1cm}}_{5}} + \underline{\hspace{1cm}}_{12} = \underset{\text{Summe}}{\underline{\hspace{2cm}}} \div 2 = \underset{\text{Gesamt}}{\underline{\hspace{2cm}}}$$

Dreizehnte Schlüsselqualifikation: **Künstlerische Begabung und Kreativität**

$$\underset{\text{Aussage Nr.}}{\underline{\hspace{1cm}}_{8}} + \underline{\hspace{1cm}}_{27} = \underset{\text{Summe}}{\underline{\hspace{2cm}}} \div 2 = \underset{\text{Gesamt}}{\underline{\hspace{2cm}}}$$

Vierzehnte Schlüsselqualifikation: **Rechtsbewusstsein**

$$\underset{\text{Aussage Nr.}}{\underline{\hspace{1cm}}_{3}} + \underline{\hspace{1cm}}_{31} = \underset{\text{Summe}}{\underline{\hspace{2cm}}} \div 2 = \underset{\text{Gesamt}}{\underline{\hspace{2cm}}}$$

Fünfzehnte Schlüsselqualifikation: **Mathematisches Verständnis / logisch-abstraktes Denken**

$$\underset{\text{Aussage Nr.}}{\underline{\hspace{1cm}}_{21}} + \underline{\hspace{1cm}}_{33} = \underset{\text{Summe}}{\underline{\hspace{2cm}}} \div 2 = \underset{\text{Gesamt}}{\underline{\hspace{2cm}}}$$

Sechzehnte Schlüsselqualifikation: **Naturwissenschaftliches Verständnis**

$$\underset{\text{Aussage Nr.}}{\underline{\hspace{1cm}}_{16}} + \underline{\hspace{1cm}}_{30} = \underset{\text{Summe}}{\underline{\hspace{2cm}}} \div 2 = \underset{\text{Gesamt}}{\underline{\hspace{2cm}}}$$

Siebzehnte Schlüsselqualifikation: **Seriosität**

Aussage Nr. $\underline{\quad}$ + $\underline{\quad}$ − $\underline{\quad}$ ÷ 2 = $\underline{\quad}$
Aussage Nr.   14   37   Summe   Gesamt

Achtzehnte Schlüsselqualifikation: **Materielle Orientierung**

Aussage Nr.   36   38   =   Summe   ÷ 2 =   Gesamt

Neunzehnte Schlüsselqualifikation: **Naturverbundenheit**

Aussage Nr.   18   24   =   Summe   ÷ 2 =   Gesamt

Zwanzigste Schlüsselqualifikation: **Pädagogisches Geschick**

Aussage Nr.   1   10   =   Summe   ÷ 2 =   Gesamt

Die Qualifikationen, bei denen Sie die sechs höchsten Punktzahlen erzielt haben, sind Ihre Schlüsselqualifikationen. Wenn Sie den Test mit einer Selbsteinschätzung und einer Fremdeinschätzung gemacht haben, nehmen Sie dann den Durchschnitt von beiden Werten.

Tests der Allgemeinbildung

Auch Tests der Allgemeinbildung können Bestandteil des Auswahlverfahrens sein. Dabei möchte man herausfinden, ob Sie eher ein Spezialist sind, den außer seinem Fach wenig interessiert, oder ob Sie auch ein wenig Bescheid wissen über andere Wissensgebiete.

Diese Tests sind entweder nach dem Frage-Antwort-System aufgebaut (Frage: *Wer ist der Verfasser der »Wanderungen durch die Mark Brandenburg?«* Antwort: Theodor Fontane), oder (häufiger) die Fragen müssen nach dem Multiple-Choice-Verfahren beantwortet werden. (Eine Frage hat mehrere mögliche Antworten, Sie müssen die richtige ankreuzen.)

Tests der Allgemeinbildung konzentrieren sich üblicherweise auf folgende Themen: Geschichte, Politik und Gesellschaft, Kunst, Musik, Literatur, Wirtschaft, Sport, naturwissenschaftliches und technisches Grundlagenwissen sowie aktuelle Themen der öffentlichen Diskussion.

Da das Internet voll ist von solchen Tests, erübrigt es sich, hier Beispiele zu nennen, üben Sie online. Literaturtipp: *Hesse / Schrader, Testtraining Allgemeinwissen.*

Tests der Allgemeinbildung sollten nicht unterschätzt werden, denn sowohl im Studium als auch im Beruf gilt: Menschen mit breiter Bildung haben bessere Chancen als »Fachidioten«!

Tests des logisch-analytischen Denkens

Dass Sie logisch-analytisch denken können, haben Sie mit dem Abitur unter Beweis gestellt. Bei solchen Tests wird nicht das »Ob«, sondern das »Wieviel« ermittelt. Diese Tests sind richtig knifflig, weil sie einen zu gründlichem Nachdenken, zur Analyse und zur Ableitung von Hypothesen zwingen.

Sogenannte Matrizen- oder Figurenfolgetests zielen auf Fähigkeiten ab, die nicht an der Schule erworben werden. Anhand von figural-bildhaftem Material sind die Testaufgaben so gestellt, dass Gesetzmäßigkeiten und Regeln in abstrakten Strukturen gefunden werden müssen und eine Figurenfolge jeweils um ein fehlendes Element ergänzt werden muss. Die Tester wollen herausfinden, wie gut man Gemeinsamkeiten und Unterschiede von Objekten erkennen und logische Beziehungen zwischen den Objekten herstellen kann. Da für die Beantwortung die Proportionen von Räumen, Strecken, Flächen und Winkeln eingeschätzt werden müssen, ist dieser Test auch ein Test der wahrnehmungsbezogenen Fähigkeiten.

Gerade im Bereich Informatik, Technische Informatik und Elektrotechnik ist das logische Schlussfolgern eine wichtige und notwendige geistige Leistung. Man sollte sich also bei schriftlichen Aufnahmetests auf entsprechende Fragen einstellen. Das logische Denken ist von großer Bedeutung bei der Bewertung von Fakten und Hypothesen, bei der Lösung von Problemen und für das Ermitteln der Ursachen von Ereignissen und Handlungen. Vor allem im Bereich der Informatik ist es unabdingbar, notwendige und hinreiche Bedingungen zu unterscheiden, Wenn-dann-Aussagen zu beurteilen oder aufzustellen oder neue Informationen aus gegebenen Informationen abzuleiten.

Die Fragen in Logik-Tests, bei denen es vorwiegend um Wenn-dann-Aussagen und Reihenfolge- und Zuordnungsprobleme geht, werden mithilfe von kurzen Texten eingeleitet.

Nachfolgend als Beispiele zwei Musterfragen, die dem Selbsttest für künftige Informatikstudierende der LMU München (s. *http://www.pms.ifi.lmu.de/eignungstest*)* entnommen sind. Für die Bearbeitung jeder Frage sind zwanzig Minuten veranschlagt.

1. Beispiel
Inspektor Barrick ermittelt in einem Todesfall. Onkel Kuno wurde tot in seinem Haus aufgefunden, wo er zusammen mit Onkel Bodo und einem Gärtner lebte. Barrick hat folgende Fakten zusammengetragen:

1. Kuno, Bodo und der Gärtner waren die einzigen Hausbewohner, nur einer von ihnen kann Kuno getötet haben.
2. Derjenige, der Kuno getötet hat, hat diesen gehasst und war nicht reicher als Kuno.
3. Bodo hasst niemanden, den Kuno gehasst hat.
4. Kuno hat sich selbst und Bodo gehasst.
5. Der Gärtner hasst jeden, der nicht reicher als Kuno war oder der von Kuno gehasst wurde.
6. Kein Hausbewohner hasst(e) alle Hausbewohner.

Welche der nachfolgenden Schlussfolgerungen sind richtig?

A Wenn der Gärtner sich nicht selbst hasst, dann hat er Kuno nicht getötet.
B Der Gärtner war nicht reicher als Kuno.
C Aus den Fakten folgt nicht, ob Bodo reicher als der Gärtner ist oder nicht.
D Wenn der Gärtner Kuno getötet hat, dann hasst er Bodo nicht.
E Bodo hat Kuno getötet.

Auflösung: Die Schlussfolgerungen A, C und D sind richtig.

---

* Wir danken Prof. Dr. François Bry und Prof. Dr. Hans Jürgen Ohlbach von der Ludwig-Maximilians-Universität München für die Genehmigung, die folgenden zwei Beispielaufgaben zu verwenden.

2. Beispiel

Wir suchen zwei natürliche Zahlen, die beide zwischen 1 und 100 liegen. Eine Person, im Folgenden »Herr Produkt« genannt, kennt das Produkt der beiden Zahlen, eine andere Person, im Folgenden »Herr Summe« genannt, kennt ihre Summe. Zwischen den beiden Personen entwickelt sich der folgende Dialog:

Herr Produkt: Ich kenne die beiden Zahlen nicht.

Herr Summe: Ich kenne die beiden Zahlen auch nicht, ich wusste aber, dass Sie sie nicht kennen.

Herr Produkt: Dann kenne ich die beiden Zahlen jetzt.

Herr Summe: Dann kenne ich die beiden Zahlen jetzt auch.

Welches sind die beiden Zahlen?

A 3 und 5   C 8 und 11

B 2 und 7   D 4 und 13

Auflösung: Richtig ist die Antwort D.

Manche Logik besteht aber auch darin, Behauptungen danach zu beurteilen, ob sie aus einem bestimmten Sachverhalt folgen. Dabei müssen Sie bei jeder Aufgabe überprüfen, welche von zwei oder mehreren Behauptungen sich zwingend, das heißt ohne weitere Zusatzannahmen, aus der am Anfang präsentierten Feststellung ableiten lassen. Die Feststellungen als solche gelten als vorgegeben und sind nicht zu hinterfragen. Sie sind also quasi das, was Axiome in der Mathematik (1 + 1 = 2) sind. Solche Tests bestehen ebenfalls aus zwanzig bis fünfundzwanzig Einzelfragen, wobei für jede Frage etwa eine Minute Bearbeitungszeit vorgegeben ist.

Solche Aufgaben, die die Fähigkeit zu logisch-analytischem Denken prüfen sollen, sind auf den ersten Blick schwer zu knacken, wenn man aber die Systematik versteht, sind sie gar nicht so schwer. Wir möchten anhand von drei Beispielen, einem eher einfachen, einem mittelschweren und einem schweren, dieses System kurz vorstellen.

1. Beispiel (Schwierigkeitsgrad relativ niedrig)

Feststellung: Etliche Prominente aus Politik, Wirtschaft, Kultur und Sport haben sich in ihrer Schulzeit eher durch schlechte Schulnoten ausgezeichnet oder das Studium abgebrochen. Daraus ergeben sich zwei mögliche Behauptungen:

Behauptungen:

1. Die für den Erfolg wichtigen Fähigkeiten entwickeln sich erst nach der Schule oder dem Studium.

2. In einzelnen Fällen lassen Leistungen in der Schule oder im Studium keine Rückschlüsse auf den späteren beruflichen Erfolg zu.

Mögliche Lösungen:

A   Nur die Behauptung 1 lässt sich ableiten.

B   Nur die Behauptung 2 lässt sich ableiten.

C   Beide Behauptungen lassen sich ableiten.

D   Keine der Behauptungen lässt sich ableiten.

Auflösung: Die richtige Antwort ist B.

A (nur die Behauptung 1 lässt sich ableiten) wäre nur dann richtig, wenn die Feststellung lauten würde, dass alle Prominente schlechte Schulnoten hatten oder ihr Studium abgebrochen haben. Dies ist aber nicht der Fall, wie wir von vielen Prominenten wissen, die glänzende Schüler und hervorragende Studenten waren. Von daher entfällt auch Lösung C (beide Behauptungen lassen sich ableiten). Richtig ist also B, weil es Prominente gibt, die nachweislich schlechte Schüler und Studenten waren und die entweder erst nach der Schule oder dem Studium so richtig losgelegt haben oder bei denen Schulnoten oder Studienleistungen nicht wichtig für den Erfolg sind, wie z. B. bei Sportkarrieren. Also ist auch D (keine der Behauptungen lässt sich ableiten) falsch.

2. Beispiel (hoher Schwierigkeitsgrad)

Feststellung: Seit mehreren Jahren steigt die Zahl der jährlichen Hochzeiten und die Zahl der jährlichen Scheidungen, wobei der prozentuale Anstieg der Scheidungen höher ist als der der Eheschließungen.

Behauptungen:

1. Viele junge Leute, die eine Ehe eingehen, lassen sich schon bald wieder scheiden.

2. Durch diese Entwicklung wachsen immer mehr Kinder nur bei einem Elternteil auf.

3. Trotz der in der Feststellung genannten Entwicklung, der Anstieg der Scheidungen ist höher als der der Eheschließungen, kann sich gegenüber dem Vorjahr die Zahl der Ehen in Deutschland erhöht haben.

4. Wenn die Zahl der Scheidungen prozentual stärker steigt als die der Eheschließungen, sinkt die Zahl der Ehen.

Mögliche Lösungen wären:

A   Die Behauptung 1 lässt sich ableiten.

B   Die Behauptung 2 lässt sich ableiten.

C   Die Behauptung 3 lässt sich ableiten.

D   Die Behauptung 4 lässt sich ableiten.

E   Keine der Behauptungen lässt sich ableiten.

Auflösung: Die richtige Antwort ist C.

Antwort A ist falsch, da sich die Behauptung 1 nicht ableiten lässt. In der Feststellung ist nichts ausgesagt, wer zum überproportionalen Anteil der Scheidungen beiträgt, ob dies junge Paare, Paare in der mittleren Lebensphase oder ältere Menschen sind. Auch wenn man die Beobachtung macht, dass eine Reihe junger Ehen nach einigen Jahren wieder geschieden werden, so ist in der Feststellung hierüber nichts gesagt worden.

Antwort B ist auch falsch, da sich diese Behauptung nicht ableiten lässt. In der Feststellung ist nämlich nichts darüber ausgesagt, wie viele Menschen heiraten, wie viele verheiratet sind und wie viele sich scheiden lassen. Es ist theoretisch denkbar, dass es sich bei einem großen Teil derer, die heiraten oder sich scheiden lassen, um Menschen handelt, die nicht zum ersten Mal heiraten, die keine Kinder haben oder dass Ehen eingegangen werden von Menschen im Zeitraum vom fünften bis siebten Lebensjahrzehnt.

Lösung C – die Behauptung 3 lässt sich ableiten – ist richtig. Die Begründung hierfür ist recht einfach: In der Behauptung wird nichts ausgesagt über die absoluten Zahlen der Eheschließungen und der Ehescheidungen, sondern nur ihre prozentuale Entwicklung verglichen zwischen dem 1. Januar und dem 31. Dezember eines Jahres. In der Feststellung wird auch nichts darüber ausgesagt, ob Ehen geschieden wurden, die im gleichen Jahr geschlossen wurden. Theoretisch möglich wäre, dass alle Ehescheidungen aus »Alt-Ehen« resultieren. Diese Behauptung lässt sich auch an einem Rechenbeispiel darstellen: Zum 31. Dezember eines Jahres gab es, sagen wir, 25 Mio. Ehen. Diese Zahl resultierte aus 24,6 Mio. »Alt-Ehen«, aus 400 000 neuen Ehen und 100 000 Scheidungen. Im nächsten Jahr nun werden 450 000 Ehen geschlossen, was einer Steigerung von 12,5 Prozent entspricht. Im nächsten Jahr werden 125 000 Ehen geschieden, somit 25 Prozent Steigerung gegenüber dem Vorjahr. Am Ende dieses Jahres gibt es als Saldo 25 025 000 Mio. Ehen und damit 25 000 mehr als im Vorjahr. Damit sind alle Bedingungen der Feststellung erfüllt, Steigerung der Eheschließung und Steigerung der Scheidungen bei gleichzeitig höheren Steigerungsraten bei Scheidungen gegenüber Eheschließungen und dennoch mehr Ehen als im Vorjahr.

Aus diesem Grund sind auch die möglichen Lösungen D (die Behauptung 4 lässt sich ableiten) und E (keine der Behauptungen lässt sich ableiten) falsch.

3. Beispiel (mittlerer Schwierigkeitsgrad)

Feststellung: Im Arbeitsamtsbezirk X ist der Anstieg der Arbeitslosenquote rückläufig. Im Februar stieg die Arbeitslosenquote weniger stark an als im Januar. Der Anstieg im Januar war geringer als im Dezember des Vorjahres.

Daraus ergeben sich folgende Behauptungen:
1. Im Februar war die Arbeitslosenquote niedriger als im Januar.
2. Im Dezember lag die Arbeitslosenquote unter der Quote von Januar.

Mögliche Lösungen:
A   Die Aussage 1 lässt sich ableiten.
B   Die Aussage 2 lässt sich ableiten.
C   Beide Aussagen lassen sich ableiten.
D   Keine der beiden Aussagen lässt sich ableiten.

Auflösung: Die Antwort B ist richtig.

Die Hauptschwierigkeit bei dieser Aufgabe liegt darin, die Begriffe » rückläufig « und » Anstieg « richtig zuzuordnen. In der Feststellung wird gesagt, dass der Anstieg der Arbeitslosenquote seit Monaten rückläufig ist. Aber auch ein rückläufiger Anstieg der Arbeitslosenzahlen bedeutet, dass der Anstieg zwar rückläufig ist, dass aber von Monat zu Monat die Zahl der Menschen ohne Arbeit und damit die Arbeitslosenquote ansteigt. Es wird in der Feststellung nicht davon gesprochen, dass die Arbeitslosenquote rückläufig ist, sondern nur der monatliche Anstieg. Deshalb ist die Antwort A falsch. Wenn die Arbeitslosenquote im Februar höher als im Januar und diese wiederum höher als im Dezember war, kann also die Arbeitslosenquote im Februar nicht niedriger gewesen sein als im Januar.

Lösung B ist richtig, da die von Monat zu Monat angestiegene Arbeitslosenquote im Dezember unter derjenigen von Januar gelegen haben muss.

Damit wären auch die möglichen Antworten C und D falsch.

Selbsttests online

Anhand von fachbezogenen Studierfähigkeitstests sollen Ihre Voraussetzungen für das Studium hinsichtlich Ihres Fachwissens getestet werden. Dazu gehören die Selbsttests, die immer mehr Hochschulen über das Internet anbieten. Diese Tests haben zwei Aufgaben: Sie sollen Studienbewerbern eine realistische Einschätzung vermitteln, ob sie für dieses Fach geeignet sind und ob sie die für die ersten Semester notwendigen Grundkenntnisse mitbringen. Die Tests bestehen in der Regel aus Fachfragen, die beantwortet werden müssen oder aus einem Multiple-Choice-Verfahren, bei dem unter mehreren möglichen Antworten die richtige angekreuzt werden muss.

Solche Tests sind ein sinnvolles Angebot der Hochschulen und ermöglichen es, von zu Hause aus die Studierfähigkeit selbst zu testen. Schülern und Studienbewerbern wird aber angeraten, mehr als einen solchen Test zu machen, um zum einen die Entscheidung für oder gegen ein Studienfach weiter abzusichern und zum anderen, um herauszufinden, ob die Testergebnisse weit voneinander abweichen.

Solche Online-Tests haben also die Funktion der Selbsteinschätzung, sind aber manchmal auch Teil des Hochschulauswahlverfahrens. Bei bestimmten Fächern können sie Voraussetzung der Bewerbung sein. In der Bewerbung soll dann auf den Test Bezug genommen werden. Die Auswahlkommission will erfahren, wie Sie mit dem Test zurechtgekommen sind und ob der Test bei der Studienwahl eine Hilfe war.

Einige Internetadressen zu solchen Selbsttests, die Sie online unverbindlich ohne Prüfungssituation machen können:

Ingenieurstudiengänge
- THINK ING.
  http://www.think-ing.de/think-ing/die-qualifikationen/eignungstest

Medizin
- Universität Hamburg: Selbsttest (zur Vorbereitung auf den Hamburger Test HAM-Nat) *www.uke.de/studierende/index_41429.php* (Pfad »Studienbewerber«, »Auswahlverfahren«, »Vorbereitung auf den HAM-Nat«, »zum Selbsttest«)
- Universität des Saarlandes: Erwartungscheck für das Medizinstudium *http://web.visu.uni-saarland.de/interessentest_neu/medizin*

Lehramtsstudiengänge
- Das Land Baden-Württemberg bietet diesen Selbsttest für angehende Lehrerinnen und Lehrer an. (Seit 2010 muss ein Zertifikat über das Absolvieren des Tests – ohne Testergebnis – als Zulassungsvoraussetzung bei der Studienplatzbewerbung in Baden-Württemberg vorgelegt werden.) *www.bw-cct.de*
- Test des gemeinnützigen Vereins Career Counselling for Teachers (CCT), der sich an Studieninteressenten für das Lehramt richtet. *www.cct-germany.de/de/1/tours/start/1*

Selbsttests bezogen auf das Studienangebot einer Universität oder mehrerer Hochschulen
- RWTH Aachen: Self-Assessments für Studiengänge der RWTH-Aachen *www.rwth-aachen.de/go/id/eft*
- Universität Bochum *www.borakel.de*
- Universität Bonn: Self-Assessment für Studiengänge der Universität Bonn *www3.uni-bonn.de/studium/studienangebot/studienscout-academicus/online-self-assessment/online-self-assessment*
- Universität Freiburg: Online Studienwahl Assistenten (OSA) für die Studiengänge der Universität Freiburg *www.studium.uni-freiburg.de/studieninteressierte/osa*
- Hochschule für angewandte Wissenschaften (HAW) Hamburg *www.haw-navigator.de*
- Universität des Saarlandes: Study-Finder *www.uni-saarland.de/info/schueler/study-finder/interessenstest/test.html*
- Verbund norddeutscher Universitäten (Bremen, Greifswald, Hamburg, Kiel, Oldenburg, Rostock) *www.uni-nordverbund.de/selfassessment*

Der schriftliche Auswahltest an der Hochschule

Wenn Ihnen Ihr künftiges Wunschstudienfach einen schriftlichen Auswahltest an der Hochschule auferlegt, werden Sie nach der schriftlichen Bewerbung – hierbei helfen Ihnen die Informationen im entsprechenden Kapitel dieses Buches – zu einem bestimmten Termin an die Hochschule eingeladen. Alle Bewerber / -innen für dieses Studienfach bekommen einen standardisierten schriftlichen Test vorgelegt, den sie in einer bestimmten Zeit bearbeiten müssen. Was an Hilfsmitteln erlaubt ist, steht im Anschreiben. Manchmal ist es der Taschenrechner oder bei Studierfähigkeitstests in Fremdsprachen sind einsprachige Wörterbücher zugelassen.

Der schriftliche Studierfähigkeitstest hat für die Hochschulen den großen Vorteil, dass sie nicht Dutzende oder Hunderte von Kandidaten einzeln prüfen müssen, sondern an einem Tag alle Bewerber testen können.

Für die Bearbeitung eines Tests müssen Sie einige Stunden einrechnen. Einige Tests, die wir eingesehen haben, umfassen vierzig und mehr Seiten. Aus diesem Grund und auch wegen der vielen verschiedenen Fächer kann nachfolgend kein kompletter Test abgedruckt werden, aber die folgenden Beispielfragen aus mehreren Fächern geben Ihnen die Möglichkeit, sich mit typischen Fragen vertraut zu machen und zu einer Einschätzung zu kommen, ob Ihr Wissensstand für die Testanforderungen ausreichend ist.

Der schriftlich zu bearbeitende Studierfähigkeitstest fragt Wissen ab, das üblicherweise mit dem Abitur erworben sein sollte, um das Studium des Faches aufnehmen zu können. Gleichzeitig sollen in dem Test bestimmte Schlüsselqualifikationen überprüft werden, die für das Studium und für mögliche Berufe relevant sind. In manchen Studierfähigkeitstests gibt es einen zusätzlichen Block, in dem Allgemeinbildung abgefragt wird – rechnen Sie hier mit Fragen zu Politik, Gesellschaft, Wirtschaft, Kultur, Kunst oder zu aktuellen Themen. Aus Sicht der Testenden werden mit diesem Testverfahren die künftigen Idealstudenten anhand der drei Komponenten Fachwissen, Schlüsselqualifikationen und Allgemeinbildung aus einer großen Zahl von Bewerbern ausgesucht.

In diesem Buch finden Sie ab S. 84 einen Test für Schlüsselqualifikationen und Informationen zu Tests der Allgemeinbildung (S. 91).

Beispielfragen und (darunter stehend) die Antworten für das Studienfach Chemie

(erstellt von Dr. Marion Freerk, Heidelberg)

Fragen zum Grundverständnis Chemie

1. Wie unterscheidet sich ein chemischer von einem physikalischen Vorgang?
    Geben Sie ein Beispiel.
    Physikalisch: Die Absorption von Licht auf einem Laubblatt und damit die Farbe;
    Chemisch: Durch die stoffliche Veränderung; Bsp.: Die Änderung der Farbe der Blätter
    im Herbst, die Photosynthese in den Blättern.

2. Wie könnte man feststellen, ob ein Gemisch, ein Element oder eine chemische
    Verbindung vorliegt?
    Mittels Trennverfahren. Nur wenn physikalisch keine Auftrennung mehr möglich ist,
    liegt ein reiner Stoff vor.

3. Warum muss die Formel von Einstein $E = m \times c^2$ für die chemischen Reaktionen
    nicht berücksichtigt werden?
    Die Energie, welche von chemischen Reaktionen freigesetzt wird, ist so klein,
    dass der Massenverlust nicht messbar ist.

4. Zeigen Sie den Zusammenhang zwischen den Begriffen: Atom, Element,
    Molekül, Ionengitter.
    Das Atom ist der Baustein der Elemente. Sind Atome zu abgeschlossenen Verbänden
    verbunden, so spricht man von Molekülen, bei endlosen Verbänden aus Ionen von
    Ionengittern.

5. Weshalb schreibt man bei chemischen Gleichungen keine Gleichheitszeichen?
    Geben Sie ein Beispiel.
    Die Reaktion läuft in eine vorgegebene Richtung; bei der Atmung wird Traubenzucker
    mit Sauerstoff verbrannt $C_6H_{12}O_6 + 6\,O_2 \rightarrow 6\,CO_2 + 6\,H_2O$.

6. Weshalb wird die Konzentration in der Chemie wohl in mol/l und nicht in g/l
    angegeben?
    Wichtig ist die Anzahl reagierender Teilchen, gleichgültig, ob sie leicht oder schwer
    sind.

Fragen zu Themenfeldern

Atomlehre

1. Worin unterscheiden sich zwei Isotope eines Elements?
   Die Isotope unterscheiden sich nur in der Anzahl der Neutronen im Kern.

2. Wie unterscheiden sich Alpha-, Beta- und Gammastrahlen?
   Alpha: He-Kerne, positiv geladen, kleine Reichweite, Beta: Elektronen, negativ geladen, mittlere Reichweite, Gamma: Ungeladen, Photonen, große Reichweite.

3. Was ist Radioaktivität, wo kommt sie her? Kennen Sie natürliche und künstliche Isotope? Nennen Sie einige mit Angabe der Strahlung und der Halbwertszeiten.
   Unter Radioaktivität versteht man die Freisetzung von Teilchen und Energie aus dem Atomkern. Natürlich z. B. K-40, U-235, H-3, künstlich z. B. Pu-239, HWZ und Strahlung siehe Periodensystem.

4. Wie funktioniert die Kernspaltung im Prinzip? Weshalb entstehen bei der Kernenergieerzeugung radioaktive Abfälle?
   Große Kerne mit ungerader Neutronenzahl werden mit Neutronen beschossen. Diese zerfallen in zwei kleinere Kerne, Spaltprodukte und 2 – 3 schnelle Neutronen. Dabei wird sehr viel Energie frei, ca. 1 Promille der Masse. Die Neutronen spalten wieder andere Kerne. Die Spaltung erzeugt immer zwei kleine Bruchstücke, die nicht immer gleich groß sind. Die meisten Isotope sind radioaktiv, nur wenige sind stabil. Diese radioaktiven Spaltprodukte bilden die radioaktiven Abfälle.

5. Weswegen nennt man die Anzahl der Nukleonen eines Atoms wohl Massenzahl?
   Ein Kernteilchen, Nukleon, ist ca. 3 000-mal schwerer als ein Elektron. Im Kern ist somit fast alle Masse eines Atoms konzentriert.

Periodensystem

1. Wie ist das Periodensystem aufgebaut? Nach welchen experimentell feststellbaren Eigenschaften ist es geordnet?
   Elemente mit gleicher Anzahl Außenelektronen untereinander, Elemente mit gleicher Anzahl Schalen auf gleicher Periode (Zeile), Metalle links, Nichtmetalle rechts, Halbmetalle dazwischen.

2. Was verstehen Sie unter Elektronegativität? Was hat diese Größe mit dem Periodensystem zu tun?
   Elektronegativität ist das Bestreben eines Elements, an der Bindung beteiligte Elektronen an sich zu ziehen. Die EN nimmt von links unten im PSE nach rechts oben zu, Metalle haben eine kleine EN, Edelgase haben praktisch 0.

3. Alle Elemente wollen auf der äußersten Schale aussehen wie ein Edelgas. Was ist die chemische Konsequenz davon? Erklären Sie mit einem Beispiel.
   Calcium: 2 Außenelektronen, gibt 2 ab, hat dann 8 auf der äußersten Schale, wie Argon, Kohlenstoff: 4 Außenelektronen, nimmt 4 auf, hat dann 8 auf der äußersten Schale, wie Neon, Verbindung: Ca_2C: Calciumcarbid.

Chemische Bindung

1. Wie kommt eine chemische Bindung zustande? Geben Sie Ihre Erklärungen an einem konkreten Beispiel.
   Bsp. Ca, Br_2: Ca: 2 Außenelektronen, gibt diese ab, wird Ca^{2+} geladen, Br: 7 Außenelektronen, nimmt 1 auf, wird Br^{1-} geladen; entgegengesetzte Ladungen ziehen sich an, und die Ladungen sind ausgeglichen, da alle Elektronen des Ca vom Br aufgenommen werden: $CaBr_2$: Das Ca^{2+} und das Br^{1-} kommen sich nun so nahe, bis die Elektronenhüllen und die Kerne sich abstoßen.

2. Zwischen welchen Elementen im Periodensystem kommen welche Arten von chemischen Bindungen vor? Weshalb?
   Metalle-Metalle: Metallbindung (beide geben Elektronen ab), Metalle-Nichtmetalle: Ionenbindung (große EN-Differenz); Nichtmetalle-Nichtmetalle: EP-Bindung (kleine EN-Differenz).

3. Welche Bindung ist dafür verantwortlich, dass Edelgase überhaupt verflüssigt werden können? Erklären Sie diese Bindung.
   Die van der Waals'sche Bindung. Diese kommt dadurch zustande, dass sich sehr kurzfristig aufgebaute Dipole (von asymmetrischen Elektronenverteilungen und deren Influenz) anziehen.

Beispielfragen für das Studienfach Physik

(erstellt von Frank Rueß, Ehingen)

1. Ein Plattenkondensator wird aufgeladen und anschließend von der Quelle getrennt. Wie verändert sich die Spannung, wenn man daraufhin den Plattenabstand verdoppelt?
   a) Sie halbiert sich.
   b) Sie verdoppelt sich.
   c) Sie bleibt gleich.

2. Ein geladenes Teilchen, das senkrecht zu den Feldlinien eines homogenen Magnetfelds einfällt, wird durch die Lorentzkraft auf eine Kreisbahn gelenkt. Wie ändert sich hierbei der Betrag der Geschwindigkeit?
   a) Sie wird kleiner.
   b) Sie wird größer.
   c) Sie bleibt gleich.

3. Was ist richtig? Ein Fahrrad wird, wenn nicht getreten wird, langsamer, weil …
   a) keine Kraft mehr auf es wirkt.
   b) es sich im Kräftegleichgewicht befindet.
   c) eine Kraft auf es wirkt.

4. Für die Periodendauer eines Pendels gilt $T = 2\pi\sqrt{\dfrac{l}{g}}$ (l: Pendellänge, g: Ortsfaktor). Nun halbiert man die Pendellänge. Wie ändert sich daraufhin die Frequenz?
   a) Sie wird größer.
   b) Sie wird kleiner.
   c) Sie bleibt gleich.

5. Ein Wagen hängt auf einer schiefen Ebene an einer Feder. Das System schwingt mit einer Frequenz von 5 Hz. Wie ändert sich die Frequenz, wenn man den Winkel der schiefen Ebene verdoppelt?
   a) Sie halbiert sich.
   b) Sie verdoppelt sich.
   c) Sie bleibt gleich.

6. Was bewirkt, dass der Mond sich auf einer Kreisbahn um die Erde bewegt?
   a) Die Gravitationskraft der Erde wirkt als Zentrifugalkraft.
   b) Die Gravitationskraft der Erde wirkt als Zentripetalkraft.
   c) Der Mond wird vom Magnetfeld der Erde festgehalten.

7. Der Lichtstrahl eines Lasers wird an einem Einzelspalt gebeugt. Wie ändert sich der Abstand der Beugungsstreifen, wenn man den Spalt enger macht?
   a) Er wird geringer.
   b) Er wird größer.
   c) Er bleibt gleich.

8. Warum bekommt man von infrarotem Licht keinen Sonnenbrand?
   a) Weil es eine kürzere Wellenlänge als sichtbares Licht besitzt.
   b) Weil es eine längere Wellenlänge als sichtbares Licht besitzt.
   c) Weil es durch die Luft abgeschirmt wird.

9. Mit welcher Annahme lässt sich erklären, dass der Himmel blau ist?
   a) Blaues Licht wird von der Luft stärker gestreut als rotes.
   b) Rotes Licht wird von der Luft stärker gestreut als blaues.
   c) Das Meer spiegelt sich in hohen Luftschichten.

10. Nähert sich eine Schallquelle einem Empfänger, so hört dieser eine höhere Frequenz als die von der Quelle ausgesandte. Bei Licht gibt es diesen Effekt ebenfalls. Welcher Begriff beschreibt wohl dieses Phänomen?
    a) Rotverschiebung
    b) Blauverschiebung
    c) Grünverschiebung

Lösungen: 1b), 2c), 3c), 4a), 5c), 6b), 7b), 8b), 9a), 10b)

Beispielfragen zu Studiengängen im Bereich Wirtschaft, Politik, Gesellschaft

1. Die Richtlinien der Politik in Deutschland bestimmt die / der …
   a) Bundeskanzler / -in
   b) Bundestagspräsident / -in
   c) Bundespräsident / -in

2. Der Wert einer Volkswirtschaft wird errechnet anhand des …
   a) Steueraufkommens
   b) Bruttosozialprodukts
   c) Konjunkturverlaufs

3. Der Begriff » Manchesterkapitalismus « steht für …
   a) Wohlstand für alle
   b) Englische Form der Marktwirtschaft
   c) Wirtschaftliche Ausbeutung des Menschen

4. Die Fusion großer Unternehmen in Deutschland genehmigt …
   a) das Bundeskartellamt
   b) die Deutsche Bundesbank
   c) die Bundesagentur für Arbeit

5. Im Bundesrat hat jedes Bundesland …
   a) gleich viele Stimmen
   b) Stimmen abhängig von der Bevölkerungszahl
   c) Stimmen abhängig von der Flächengröße des Bundeslandes

6. Wer übt in einer Demokratie die Exekutive aus?
   a) Das Parlament
   b) Die politischen Parteien
   c) Die Regierung

7. Welche deutsche Stadt ist keine Landeshauptstadt?
   a) Schwerin
   b) Leipzig
   c) Magdeburg

8. Der Sitz des Europäischen Gerichtshofs ist ...
   a) in Brüssel
   b) in Luxemburg
   c) in Den Haag

9. Wenn einige Unternehmen den Markt beherrschen, spricht man von ...
   a) Oligopol
   b) Monopol
   c) Fusion

10. Wer Aktien besitzt, kann erhalten ...
    a) einen Rabatt
    b) eine Dividende
    c) Zinsen

11. Das Bundesverfassungsgericht ist gegliedert in ...
    a) Sektionen
    b) Kommissionen
    c) Kammern

12. Die Deutsche Bundesbank ist ...
    a) abhängig von den Vorgaben der Bundesregierung
    b) unabhängig
    c) abhängig von den Weisungen des Parlaments

13. In welchem Bundesland gibt es bei Landtagswahlen für eine Partei eine Ausnahme von der 5-Prozent-Hürde?
    a) Schleswig-Holstein
    b) Saarland
    c) Nordrhein-Westfalen

14. Womit wird Inflation in einer Marktwirtschaft bekämpft?
    a) Reduzierung der umlaufenden Geldmenge
    b) Einfrieren der Löhne und Gehälter
    c) Preisstopp

15. Die höchsten Steuereinnahmen des Staates kommen aus der …
   a) Mehrwertsteuer
   b) Mineralölsteuer
   c) Einkommenssteuer

Lösungen: 1a), 2b), 3c), 4a), 5b), 6c), 7b), 8b), 9a), 10b), 11c), 12b), 13a), 14a), 15c)

Auswahlverfahren an privaten Hochschulen

Eine Hochschulaufnahmeprüfung, bestehend aus einer schriftlichen Eignungsprüfung und einem persönlichen Gespräch, ist Standard bei den privaten Hochschulen, die sich seit Jahren ihre Studierenden in einem aufwendigen Auswahlverfahren aussuchen. Aber auch immer mehr staatliche Hochschulen favorisieren für einzelne Fächer solche kombinierten Testverfahren.

Der schriftliche Test ist eine Kombination aus Facheignungsprüfung und Überprüfung von Schlüsselqualifikationen sowie von Allgemeinwissen. Im mündlichen Teil, der sich entweder am Nachmittag oder am nächsten Vormittag anschließt, wird in Einzel- oder Gruppengesprächen versucht, die Bewerber noch einmal auf »Herz und Nieren« zu prüfen, um sich eine abschließende Meinung über deren fachliche Eignung und Persönlichkeit zu verschaffen.

Diese Doppeltests stellen eine große Herausforderung an Physis und Psyche dar, da sie sich über einen ganzen Tag bzw. eineinhalb Prüfungstage erstrecken.

Das Auswahlverfahren bei den künstlerischen, musischen, sportlichen und Medienstudiengängen ist schon seit vielen Jahren sehr umfangreich und beinhaltet in der Regel immer schriftliche und mündliche Elemente. Lesen Sie bitte hierzu das folgende Kapitel und die Hinweise zu den jeweiligen Auswahlverfahren.

Als Beispiel, wie die Vielfalt der Auswahlinstrumente eingesetzt wird und wie das Auswahlverfahren einer privaten Hochschule aussieht, möchten wir Ihnen das Verfahren der Zeppelin Universität in Friedrichshafen / Bodensee vorstellen. Die Informationen hierfür wurden von der Zeppelin Universität freundlicherweise zur Verfügung gestellt, der wir an dieser Stelle hierfür herzlich danken.

»Es gab wahrscheinlich keinen anderen Tag in meinem bisherigen Leben, an dem ich so viel über mich selbst gelernt habe.«

»Ich hätte nicht gedacht, dass sich die Universität so sehr für unsere Persönlichkeiten interessiert.«

(Stimmen zweier Teilnehmer / -innen nach ihrem Auswahltag an der Zeppelin Universität)

Profil der Zeppelin Universität

Die Zeppelin Universität (ZU) ist eine staatlich anerkannte Universität und vom Wissenschaftsrat akkreditierte Stiftungsuniversität in privater Trägerschaft in Friedrichshafen am Bodensee und bildet Bachelor- und Masterstudierende in den Fachbereichen Wirtschaftswissenschaften, Kommunikations- und Kulturwissenschaften, Politik, Verwaltung und Internationale Beziehungen sowie Soziologie, Politik und Ökonomie aus. Darüber hinaus werden sechs berufsbegleitende Masterstudiengänge für Familienunternehmer, für digitale Geschäftsmodell-Innovationen, für den Handel, in Intersektoraler Führung & Governance, in Management und Führung für Ingenieure sowie für Mobilitäts-Innovationen angeboten. Jede / -r Student / -in wird individuell durch einen Praxis- und Wissenschaftscoach begleitet (TandemCoaching) und kann im Rahmen des Programms GlobalStudies Praktika und Auslandssemester auf drei Kontinenten absolvieren.

Das Auswahlverfahren

Die Zeppelin Universität geht bei ihrem Auswahlverfahren davon aus, dass Intelligenz und Studierfähigkeit nicht notwendigerweise in Zusammenhang mit der Abiturnote stehen. Wichtig im Auswahlverfahren sind daher weniger Schulnoten als besondere Projekt- und Lebenserfahrungen sowie die Persönlichkeit des Studienbewerbers. Das Bewerbungsverfahren ist zweistufig.

1. Das schriftliche Auswahlverfahren: Im ersten Teil des Auswahlverfahrens muss der Bewerber seine persönlichen schriftlichen Bewerbungsunterlagen erstellen. Diese bestehen zunächst aus einem ausführlichen und ausformulierten Lebenslauf. Darin können wichtige biografische Entscheidungen vom Bewerber begründet sowie seine bisherigen Interessen und Erfahrungen dargestellt werden.

Darüber hinaus muss der Bewerber zehn Fragen beantworten, die zeigen, dass er sich mit den Themen seines potenziellen Studiengebietes schon etwas beschäftigt hat. Gefragt wird z. B. nach der Zukunft des Kapitalismus und der Europäischen Union. Die eingereichten Unterlagen werden von zwei Professoren begutachtet. Bei positivem Urteil wird der Bewerber zur zweiten Stufe des Auswahlverfahrens eingeladen.

2. Der Auswahltag – »Pioneers wanted!«: Während des »Pioneers wanted!«-Auswahltags in Friedrichshafen geht es um die Persönlichkeit des Bewerbers im Einzelgespräch und in der Gruppe.

Die Fallstudie

Der Tag startet mit einer realen Fallstudie in einem Unternehmen oder einer Institution außerhalb der Universität. Bei den bisherigen Auswahlverfahren bat beispielsweise der Geschäftsführer der Deutschen Zeppelin Reederei die angehenden Studierenden um ein Konzept für eine neue Vertriebsstrategie, und die Justizvollzugsanstalt Ravensburg fragte nach einem neuen Resozialisierungsprogramm für männliche Strafgefangene.

Jeweils fünf bis sieben Bewerber bilden eine Gruppe, die für die gestellten Aufgaben ein Konzept erarbeitet. Sie haben dazu drei Stunden Zeit und werden währenddessen von Vertretern der Auswahlkommission beobachtet. Anschließend werden die Vorschläge präsentiert.

Einzelgespräche

Nach einer kurzen Mittagspause beginnen die einstündigen Einzelgespräche. Jeder Bewerber führt zwei Einzelgespräche mit jeweils zwei Kommissionsmitgliedern. Das erste mit einem Professor und einem externen Kommissionsmitglied, das zweite mit einem wissenschaftlichen Mitarbeiter und einem Studierenden. Die Gespräche sind inhaltlich offen und stellen vor allem für den Bewerber eine Möglichkeit dar, seine ganz eigenen Themen einzubringen. Es geht um den bisherigen Lebensweg, um die Studienmotivation, um Einschätzungen zu tagespolitischen Themen, etwa zum Mindestlohn, zur Privatisierung von Theatern, zur Verwaltungsmodernisierung oder auch um allgemeine Fragen zu Gerechtigkeit und Armut.

Flankiert werden die beiden Gespräche durch einen Test der deutschen sowie der englischen Sprache.

Auswahlkommission, Auswahlkriterien und Auswahlentscheidungen

Die Gruppe der Auswählenden wird immer neu zusammengesetzt. Neben den Professoren, Mitarbeitern und Studierenden sind auch Externe beteiligt – so z. B. Unternehmer, Journalisten, Museumsleiter und Politiker.

Die Zeppelin Universität legt der Auswahlkommission keine verpflichtenden Kriterien für die Auswahl vor. Diese werden immer wieder aufs Neue individuell besprochen und gewichtet. Ziel der Universität ist es, die potenziellen Studierenden zu finden, die zu der Hochschule passen. Man möchte zudem herausfinden, welchen

Beitrag der Bewerber für die Universität und vor allem auch für seine Kommilitonen leisten kann. Denn es kann unter Leistungsgesichtspunkten sehr gute Kandidaten geben, die aber ihren Kommilitonen keine Impulse geben, und fachlich durchschnittliche Bewerber, die ihre Mitstudenten sehr positiv beeinflussen werden. Gesucht werden vielseitige, multidisziplinär interessierte Menschen, die in ihrem bisherigen Lebensweg schon zeigen konnten, dass sie dem freiheitlichen und selbstorganisatorischen Anspruch des Studiums gerecht werden können – sei es durch die Tätigkeit als Klassensprecher, aktive Mitgliedschaft in Orchestern oder Theatergruppen, soziales Engagement o. Ä.

Die vier Kommissionsmitglieder treffen sich noch am Abend des Auswahltages und tauschen sich intensiv über ihre Eindrücke eines jeden Kandidaten aus. Entschieden wird konsensual – das heißt, nur der Bewerber erhält ein Studienplatzangebot, der von allen vier Personen positiv bewertet wird. Der Bewerber erhält die Entscheidung der Kommission wenige Tage nach dem Auswahltag schriftlich per Post zugestellt.

Die ZU glaubt an die Weiterentwicklung der Bewerber, daher wird keine sogenannte Black List geführt. Zum nächsten Semester kann sich ein abgelehnter Bewerber nochmals bewerben.

Weitere Informationen zur Universität und zum Auswahlverfahren finden Sie unter *www.zu.de.*

Das Assessment-Center

Bei manchen Auswahlverfahren, vor allem bei privaten Hochschulen, wird ein Verfahren angewendet, das eigentlich bei Stellenbesetzungen eingesetzt wird und sich »Assessment-Center« nennt.

Darunter versteht man eine angeblich besonders effiziente Form des Auswahlverfahrens. Etwa acht bis zwölf Bewerber müssen sich bei bestimmten Übungen, Aufgaben und Anforderungen in Konkurrenz zueinander stellen. Dabei sollen Erkenntnisse über Kompetenz, Persönlichkeit und Entwicklungsfähigkeit gewonnen werden. Im direkten Vergleich der Bewerber erwartet man eine bessere Chance, den optimalen Kandidaten zu finden.

Ein Assessment-Center setzt sich wie ein Puzzle aus verschiedenen Übungen zusammen:

Die Gruppendiskussion

In der Gruppe der Bewerber wird ein bestimmtes Thema diskutiert. Dieses Thema ist entweder vorgegeben oder wird von den Teilnehmenden ausgewählt. Einerseits erwartet man von den Bewerbern, dass sie sich in der Gruppe der Konkurrenten zivilisiert und kooperativ verhalten, auf der anderen Seite Potenzial und Initiative zeigen und mit guten Argumenten ihre Meinung überzeugend vortragen.

Das Rollenspiel

Die Bewerber spielen eine bestimmte Rolle und haben einige Minuten Vorbereitungszeit, um sich in eine Situation hineinzudenken.

Die Fallstudie

Sie werden mit einem Problem konfrontiert, für das Sie vernünftige Lösungsansätze erarbeiten und überzeugend verkaufen sollen. Dabei wird besonders großer Wert auf die Präsentation der Ideen und Kreativität vor kritischem Publikum gelegt. Gefragt sind also Originalität, Ideenreichtum und Überzeugungskraft.

Die Präsentation

Hier soll ein vorgegebenes Thema in wenigen Minuten Vorbereitungszeit in einen kurzen Vortrag gepackt werden. Die eigentliche Aufgabe ist auch hier die Präsentation. Hier sind eine logische Gliederung und eine aufeinander aufbauende Argumentation sehr wichtig. Neben dem Thema der Präsentation ist das »Wie« bedeutsam. Sie präsentieren eine Sache, aber vor allem präsentieren Sie sich selbst dabei. Mit Witz, Spontanität, freiem, flüssigem Reden und anschaulichen Darstellungen sollen Sie das Auswahlgremium für Ihre Idee und für sich gewinnen.

Die Postkorbübung

Hier geht es um den sprichwörtlichen Wettlauf mit der Zeit. Sie schlüpfen auch hier in die Rolle eines anderen Menschen. Die Herausforderung dabei ist: Diese Person muss unter starkem Zeitdruck eine große Menge an Entscheidungen treffen, meist anhand von Dokumenten (z. B. Briefe, E-Mails), die in ihrem »Postkorb« gelandet sind. Bei dieser Übung brauchen Sie also Ruhe, einen kühlen Kopf und vor allem die Fähigkeit, Wichtiges von weniger Wichtigem unter Zeitdruck zu unterscheiden.

Intelligenz- und Konzentrationstests

Was hier so alles geprüft werden kann, geht von rechnerischem und mathematischem Denken, technischem Verständnis und räumlichem Vorstellungsvermögen bis hin zu Wort- und Sprachverständnis und Konzentrationsvermögen. Diese Prüfung erfolgt unter enormem Zeitdruck für die Bewerber; dabei ist der Zeitrahmen manchmal absichtlich so eng gefasst, dass ein vollständiges Bearbeiten der Aufgabe zeitlich gar nicht möglich ist.

Es kommt darauf an, sich nicht verrückt machen zu lassen, die Nerven zu behalten, nicht unnötig Stress zu entwickeln und flüssig die Testfragen zu beantworten.

Persönlichkeitstests

Der Persönlichkeitstest soll Aufschluss über die sogenannte Persönlichkeit der Bewerber ergeben (s. hierzu S. 83 ff.).

Das Stressinterview

Der Höhepunkt des umstrittenen und für die Bewerber meist wenig angenehmen Assessment-Centers ist das sogenannte Stressinterview. Man will testen, wie Sie unter Druck und Stress reagieren. Es fängt harmlos an, doch dann geht es richtig rund.

Fragen wie »Sind Sie hier überhaupt richtig?«, »Haben Sie sich mit Ihrer Bewerbung nicht vielleicht übernommen?«, »Glauben Sie wirklich, dass Sie für das Studienfach geeignet sind?« sollen in Erfahrung bringen, ob Sie leicht verletzbar und beleidigt sind oder sich provozieren lassen. Man will Sie aus der Fassung bringen, entgleisen sehen, Sie richtig provozieren. Auch das Stressinterview ist eine Show. Lassen Sie sich nicht aus der Fassung bringen, lächeln Sie freundlich, argumentieren Sie sachlich und lassen Sie die Spitzen Ihrer Gegenüber von sich abprallen.

Wer zu einem Assessment-Center eingeladen wird, sollte sich gründlich vorbereiten.

Sonderbewerbungen und Begabtentests für Kunst, Musik, Sport und Medien

Eine Studienplatzvergabe nach besonderer Eignungsprüfung betrifft Fächer, in denen man über eine Begabung verfügen muss, die sich nicht an den Abiturfächern ablesen lässt. Dabei handelt es sich um die Studiengänge Musik, Kunst und Sport an den Musik-, Kunst- und Sporthochschulen sowie um die Studiengänge Journalistik/Publizistik oder die Medienstudiengänge.

Kunst

Die meisten Hochschulen haben für die Studienplätze in Freier oder Angewandter Kunst ein zweistufiges Auswahlverfahren. Sie erwarten erst einmal eine Reihe künstlerischer Objekte, die von Professoren des Fachs begutachtet werden. In der Regel werden 20–25 originale Arbeiten erwartet, die in einer Sammelmappe (maximale Größe etwa 1 x 1,5 m) eingereicht werden. Größere Arbeiten, Plastiken und Objekte werden nur als Fotografien, nicht als Originale eingereicht. Video- und Audio-Medienkunstarbeiten sind in digitaler Form vorzulegen.

Schafft man die Hürde »Mappe«, folgt eine Einladung zur eigentlichen Aufnahmeprüfung. Bei dieser Prüfung muss man seine allgemeine künstlerische Begabung sowie besondere Fähigkeiten und Kenntnisse im Hinblick auf das spätere Studienfach unter Beweis stellen. Die Studieninteressenten erwartet eine vier- bis fünfstündige praktische Prüfung, in der eine bildnerisch-gestalterische Arbeit angefertigt wird, und anschließend eine mündliche Prüfung von 15–30 Minuten, die gestalterische Grundfragen und Probleme der malerischen, grafischen, plastischen/räumlichen Darstellung in Bezug auf den gewünschten Studiengang zum Inhalt hat.

Wer die Aufnahmeprüfung erfolgreich bewältigt, erhält entweder direkt die Zulassung oder (selten) kommt auf eine Warteliste und kann dann nach ein oder zwei Semestern mit dem Studium beginnen.

Wichtig ist, dass die erste Kontaktaufnahme mit infrage kommenden Hochschulen etwa anderthalb Jahre vor dem Abitur erfolgt. Für die Anfertigung der künstlerischen Objekte kann man sich in der Schule z. B. vom Kunstlehrer beraten lassen oder an der gewünschten Hochschule eine Mappen-Beratung in Anspruch nehmen.

Musik

Für das Studium der Musik ist an allen Hochschulen, die dieses Studienfach anbieten, eine Prüfung vorgegeben, die eine entsprechende musikalische Grundbegabung einschließlich Grundkenntnisse der Musikgeschichte und – in unterschiedlicher Gewichtung je nach Studienfach – eine entsprechende Stimme, gutes Gehör, theoretische Kenntnisse und die Beherrschung eines oder mehrerer Musikinstrumente nachweist. Auch hier sollten die Bewerbungsunterlagen mindestens ein Jahr vor dem Abitur angefordert werden, da man sich auf die Aufnahmeprüfung gründlich vorbereiten muss und die Auswahlverfahren sich über eine längere Zeit erstrecken. Häufig beginnen die Auswahlverfahren bereits Ende Januar für eine Studienaufnahme im kommenden Wintersemester.

Wie eine solche Aufnahmeprüfung aussehen könnte, soll am Beispiel einer Hochschule für Musik und Theater für die Studiengänge Künstlerische Ausbildung und Instrumental- und Gesangspädagogik dargestellt werden:

Prüfung im Hauptfach

Prüfungsdauer: ca. 20 Minuten

Prüfungsinhalt: Vortrag der vorbereiteten Stücke. Die Werkauswahl sollte die Begabung, den Gestaltungswillen, die Interpretationsfähigkeit und die Kreativität des Bewerbers erkennen lassen.

Pflichtfach Klavier

Prüfungsdauer: ca. 10 Minuten

Prüfungsinhalte: Elementarkenntnisse im Fach Klavier sind für Sänger und Instrumentalisten Zulassungsvoraussetzung. Vortrag mindestens zweier leichter bis mittelschwerer Werke aus verschiedenen Stilepochen, wie z. B.
- Bach, Notenbüchlein für Anna Magdalena
- Bach, Kleine Präludien
- Mozart, Salzburger Tanzbüchlein
- Schubert, Ecossaisen
- Schumann, Album für die Jugend

Tonsatz / Harmonielehre, Beherrschung der elementaren Musiklehre

Prüfungsdauer: 45-minütige Klausur, 45-minütige mündliche Prüfung (einschließlich Gehörbildung)

Prüfungsinhalte: 1. Beherrschung der elementaren Musiklehre: Intervalle, Skalen (Dur, Moll, Kirchentonarten), Schlüssel (G, F und C), Akkorde (Dreiklänge, Dominantseptakkord und Umkehrungen)

2. Grundzüge der Harmonielehre: Generalbassbezifferung, Funktions- oder Stufentheorie, Kadenzen, vierstimmiger Satz

Gehörbildung

Prüfungsdauer: s. o.

Prüfungsinhalte: 1. Singen und Erkennen von Intervallen und Akkorden (Dominantseptakkord in Grundstellung)

2. leichte ein- und zweistimmige Musikdiktate

3. Nachvollziehen einfacher Kadenzabläufe und rhythmischer Prozesse

4. Vom-Blatt-Singen einer einfachen, tonalen Melodie

Spezielle Anforderungen für Instrumental- bzw. Gesangspädagogik

Feststellung pädagogischer Eignung anhand eines Gespräches (Dauer: ca. 10 Minuten)

Sport

Bei der Bewerbung für das Sportstudium sollen in Form einer Aufnahmeprüfung die sportlichen Fähigkeiten in mehreren Sportarten (Mannschafts- und Individualsport) unter Beweis gestellt werden. Bewerber/-innen mit breiter sportlicher Begabung haben normalerweise »bessere Karten« als Kandidaten, die in einer Sportart besonders ausgewiesen sind, aber in anderen Sportarten eher mittelmäßig bis schlecht sind. Die Bewerbung für das Fach Sport erfolgt entweder an die Deutsche Sporthochschule Köln, die einzige Sporthochschule in Deutschland, oder an alle Universitäten und Pädagogischen Hochschulen, die das Lehramtsfach Sport oder andere Sport-Studiengänge anbieten.

Bescheinigungen über bisherige sportliche Aktivitäten, etwa ein aktuelles Sportabzeichen, Nachweise über Vereinsmitgliedschaften, Übungsleiterscheine und Trainerlizenzen, sind in der Regel den Bewerbungsunterlagen beizufügen.

Vielfach ist, bevor man dann an der Hochschule den praktischen Sport-Eignungs-test ablegt, eine ärztliche Bescheinigung über die uneingeschränkte Sporttauglichkeit erforderlich. Diese Bescheinigung sollte nicht älter als ein halbes Jahr sein.

Wer Sport als Leistungsfach am Gymnasium gewählt hatte, sollte in Erfahrung bringen, ob Teile des Eignungstests an der Hochschule durch gute Schulleistungen (etwa in der praktischen Abiturprüfung) bereits als bestanden gelten und man von Teilprüfungen befreit werden kann.

In der Regel gibt es ein oder zwei Termine im Jahr, an denen die Hochschule Sport-Eignungstests (mit je einem Ersatztermin für Kranke oder Verletzte) anbietet.

Einbezogen in die Prüfung werden grundsätzlich Leistungen in Leichtathletik, Geräteturnen, Schwimmen, Mannschaftsspielen (etwa Basketball, Fußball, Handball, Hockey, Volleyball) und Rückschlagspielen (Badminton, Tennis, Tischtennis). Bei einigen Hochschulen kommt Gymnastik / Tanz hinzu. Es gibt auch die Variante, dass man eine Prüfung in Gymnastik / Tanz durch eine Prüfung in einem dritten Spiel ersetzen kann.

Für zukünftige Sportstudierende einige Beispiele für die Leistungsanforderungen in den Eignungsprüfungen:

Leichtathletik

	Frauen	Männer
• 100-m-Lauf	16,0 Sek.	13,4 Sek.
• 3000-m-Lauf	15:00 Min.	13:00 Min.
• Weitsprung	3,50 m	4,75 m
• Kugelstoßen	(4-kg-Kugel) 6,50 m	(6,25-kg-Kugel) 7,60 m
• Hochsprung	1,20 m	1,40 m

Schwimmen

- 100-m-Zeitschwimmen in beliebiger Ausführung
    - Frauen: 2:07 Min.
    - Männer: 2:00 Min.
- 20 m Streckentauchen mit Sprung vom Startblock
- 50 m Schwimmen ohne Unterbrechung, davon 25 m Wechselzugschwimmen (Kraul oder Rücken-Kraul) und 25 m Gleichzugschwimmen (Brust- oder Schmetterlingsschwimmen)

- Kopfsprung mit Anlauf vom 1-m-Brett mit den Leistungskriterien:
  - mind. drei Schritte Anlauf (ruhiges Angehen)
  - Aufsatzsprung
  - Kopfsprung gestreckt, gehechtet oder gehockt
  - Eintauchwinkel ca. 45° zur Wasseroberfläche

Mannschaftsspiele

Basketball (Spiel fünf gegen fünf, zweimal 10 Min.)

Abwehr: Halbfeld Mann-Mann-Verteidigung: Grundstellung zwischen Gegner und Korb, Front zum Gegner, Rücken zum Korb; Mitlaufen bei Gegenbewegungen; Helfen/Übernehmen, wenn benachbarte Spieler überspielt werden; zum Rebound gehen; Umschalten auf Angriff.

Angriff: Schnellangriff initiieren und mitlaufen, sich anspielbar verhalten; Außen- und Brettpositionen einnehmen; Schneidebewegungen zum Korb zeigen und sich wieder auf freien Positionen anbieten; Korbwurf- und Durchbruchsmöglichkeiten nutzen; zum Offensivrebound gehen/Rückraum sichern.

Handball (Spiel sieben gegen sieben)

Angriff: Umschalten von Abwehr auf Angriff, Gegenstoßmöglichkeiten, langsame Aufbauphase, Spielaufbau, Verhalten in verschiedenen Angriffsspielerpositionen, Einhalten der Aufgaben im Angriffssystem 3:3.

Abwehr: Umschalten von Angriff auf Abwehr (schnelles bzw. verzögertes Zurückziehen), Verhalten in verschiedenen Abwehrspielerpositionen, Einhalten der Aufgaben im Abwehrsystem 3:2:1.

Fußball

Jonglieren mit dem Vollspann: Bei max. drei Versuchen muss der Bewerber mind. 25-mal mit dem Vollspann jonglieren.

Flanke des ruhenden Balles in ein Zielquadrat: Der Ball muss als Flugball mit dem Innenspann in ein 25 m entferntes Ziel gespielt werden.

Komplexübung Dribbling – Doppelpass – Torschuss: Der Bewerber spielt nach Dribbling durch eine Slalomstrecke einen Doppelpass an eine Schwedenbank und schießt danach den Ball mit einem beliebigen Spannstoß ins Tor.

Rückschlagspiele

Badminton (Ausführung nach Lehrerzuspiel)

Aufschlag: hoch-weiter Aufschlag mit ausreichender Bewegungsqualität und entsprechender Schlagweite

Vorhand Überkopf-Clear: aus dem Grundlinienbereich bis in den Grundlinienbereich des gegnerischen Feldes

Rückhand Überhand-Clear: aus dem »Zentralen Bereich« bis in den Grundlinienbereich des gegnerischen Feldes

Tennis (Tie-Break-Spiel oder Grundlinienpunkte)

Technik: funktionelle Schlagtechnik (Griffhaltung, Treffpunkt, Schlagökonomie) mit geringer Fehlerquote bei Aufschlag, Vorhand- und Rückhandgrundschlag

Taktik: situativ angemessene Spieltaktik und Beinarbeit bei Spielöffnung und Grundlinienspiel

Geräteturnen

Sprung

Pferd quergestellt (Höhe: Frauen 1,20 m, Männer 1,25 m; Brettabstand 1,10 m)

Bewertungskriterien: Beidbeiniger Absprung, gleichzeitiger Stütz und Abdruck der Hände; gerades Hocken, ohne dass die Füße das Pferd berühren; kontrollierte Landung auf beiden Füßen

Boden

Rolle vorwärts, Strecksprung mit halber Drehung

Bewertungskriterien: Bewegungsansatz mit geschlossenen Füßen; Strecksprung direkt aus der Rollbewegung

Rolle rückwärts durch den Hockstütz oder Handstand

Bewertungskriterien: mit Streckung der Arme, deutliches Freiwerden des Kopfes und der Schulter vom Boden; symmetrisches Stützen

Aufschwingen in den Handstand, Rückschwingen
Bewertungskriterien: beim Handstand gestreckter Körper, kontrolliertes Abrollen oder Rücksenken in die Schrittstellung

Anlauf, Anhüpfer und Rad
Bewertungskriterien: beim Rad gestreckter Körper; das heißt gestrecktes Hüftgelenk und durch die Senkrechte geturnt

Reck (schulterhoch)
Hüft-Aufschwung, Hüft-Umschwung, Felgunterschwung (kann auch nach einem Niedersprung aus dem Stand geturnt werden)

Gymnastik / Tanz (auf einer Fläche 12 x 12 m)

Tanz
Kür-Übung (ca. 60 Sekunden) nach vorgegebener Musik, die vom Prüfungsausschuss bereitgehalten wird. Ausblendung der Musik nach 60 Sekunden ab Musikbeginn (Zählwerk CD-Player)

Musikvorgaben: CD »Images«, Jean Michel Jarre, Stück Nr. 10 »Calypso 1« oder CD »Jenseits der Stille«, Stück Nr. 3 »Radtour«

Gymnastik
Kür-Übung mit Handgerät (ohne Musik). Dauer der Übung: 60 Sekunden. Als Kürgerät kann gewählt werden: Ball (18–20 cm Durchmesser), Band (6 m) oder Gymnastikseil (Länge je nach Körpergröße, Durchmesser 1 cm) oder Reifen (80 oder 90 cm Durchmesser). Eigene Handgeräte dürfen verwendet werden. Falls die angegebenen Maße nicht eingehalten sind, wird von der Prüfungskommission das entsprechende Handgerät gestellt.

Grundlage für die Bewertung sind die Ausführung der gymnastisch-tänzerischen Grundformen und der gerätespezifischen Techniken, der Bewegungsfluss, die Übereinstimmung von Musik und Bewegung (Tanz) sowie die Ausnutzung des Raumes.

Medien

Die Auswahl für diese Studiengänge ist darauf ausgerichtet, das vorhandene journalistische Potenzial, den Umgang mit den verschiedenen Medien und die mit dem späteren Beruf zusammenhängenden Schlüsselqualifikationen zu ermitteln.

Nachfolgend beispielhaft eine Aufnahmeprüfung für den Studiengang Journalistik an einer westdeutschen Universität:

Die Prüfung erstreckt sich über zwei Tage und besteht aus zwei mehrstündigen Klausuren.

Am ersten Prüfungstag werden schnelles Lesen, rasche Auffassungsgabe und das Unterscheiden zwischen Wichtigem und Unwichtigem geprüft. Dazu müssen die Bewerber beispielsweise fünfzehn eng bedruckte Seiten des Protokolls einer Bundestagsdebatte innerhalb von vier Stunden auf hundert Zeitungszeilen verdichten.

Am zweiten Prüfungstag sind Meinung und Originalität gefragt: Zu einem vorgegebenen Thema sind in drei Stunden 60 Zeilen Text zu schreiben.

Da die Texte getippt abgegeben werden müssen, sind ein Notebook oder ein vergleichbarer PC mitzubringen.

In den vergangenen Jahren wurde etwa als Aufgabe gestellt, einen Bericht über die Bundestagsdebatte zur PISA-Studie oder zur Gentechnik (am ersten Prüfungstag) zu verfassen. Als freie Themen (am zweiten Prüfungstag) waren alternativ zu bearbeiten:

- Der Fortschritt

- Das Lächeln

- Zeitungslesen

- »Nur keine Gefühle zeigen« – mancher ist überzeugt davon. Und Sie?

Als weiteres Beispiel stellen wir für Medienstudiengänge die Zugangsaufgabe einer ostdeutschen Fachhochschule vor. Die Lösung musste mit der Bewerbung eingereicht werden. Studieninteressenten sollten ein Thema in einer selbst ausgewählten Darstellungsform aufbereiten (Text, Hörfunkbeitrag, Video, Multimediaproduktion, zum 2. Thema auch Fotoserie). Folgende Themen standen in den letzten Jahren zur Auswahl:

1. Die Amerikanisierung des deutschen TV-Programms – oder: Deutsches Fernsehen – gibt's das noch?
   Beschäftigen Sie sich bitte anhand eines konkreten Beispiels aus dem aktuellen deutschen Fernsehprogramm (öffentlich-rechtlich oder privat) mit dieser Frage und nehmen Sie Stellung.

2. »Ein Mensch, den ich nie vergesse«
   Porträtieren Sie einen – nur einen – beliebigen Menschen aus Ihrem persönlichen Umfeld, den Sie für außergewöhnlich halten. Wichtig ist, dass aus Ihrem Beitrag deutlich wird, warum dieser Mensch jemand Besonderes für Sie ist.
   Bei der Kombination mit der Darstellungsform Hörfunkbeitrag, Video, Multimediaproduktion oder Fotoserie muss es wenigstens ein Element geben, das Sie mit Ihrer außergewöhnlichen Person gemeinsam darstellt und das Besondere der Beziehung zwischen Ihnen beiden ausdrückt.

3. »Typisch deutsch!« – Was ist das?
   Nehmen Sie bitte Eigenarten aufs Korn, die (angeblich) bezeichnend für Deutschland und die Deutschen sind. Sie können dabei sowohl auf persönliche Erfahrungen zurückgreifen als auch andere zu Wort kommen lassen.

4. »Musik aus der Retorte – der Untergang der Tonträgerindustrie«
   Wie steht es um »handgemachte Musik« auf dem aktuellen Musikmarkt – gegenüber fast ausschließlich am Computer generierter Musik? Mit welcher Entwicklung rechnen Sie hier in den nächsten Jahren?
   Nehmen Sie auch Stellung zu der Frage, ob es zwischen der Zunahme von billigen Musikproduktionen und der Krise der Tonträgerindustrie einen Zusammenhang gibt.

Überlegungen vor der Bewerbung um einen Studienplatz

Bin ich eher ein schriftlicher oder ein mündlicher Testtyp?

Das Bestehen oder Nichtbestehen eines Hochschulauswahlverfahrens hängt neben der gründlichen Vorbereitung auch von der Art des Tests und der Einschätzung ab, ob man sich eher für einen mündlichen oder für einen schriftlichen Testtypen hält.

Bei schriftlichen Tests kommt es darauf an, in einer begrenzten Zeit eine vorgegebene Zahl von Fragen entweder schriftlich oder in Form eines Multiple-Choice-Verfahrens (Ankreuzverfahren) zu beantworten.

Beim mündlichen Test spielen wiederum andere Qualifikationen die entscheidende Rolle: sich in kürzester Zeit auf eine mündlich gestellte Frage eine Antwort einfallen zu lassen und diese glaubhaft, gedanklich und sprachlich durchdacht vortragen zu können, sodass sie bei den Prüfern nachhaltig in Erinnerung bleibt. Rückfragen bieten die Möglichkeit, die vorgetragene Antwort noch einmal zu überprüfen oder den Gedankengang noch einmal von vorne zu beginnen.

Viele Menschen sind entweder eher ein schriftlicher oder eher ein mündlicher Typ. Als erste Orientierung dienen die bisherigen Erfahrungen. Wer oft schlechte Klausuren durch gute mündliche Prüfungen wettgemacht hat, sollte sich eher zum mündlichen Typ zuordnen. Wer gute schriftliche Ergebnisse erzielt hat, aber in mündlichen Prüfungen regelmäßig schlechter abschnitt oder Angst vor mündlichen Prüfungen hat, sollte sich eher bei Hochschulen bewerben, wo das Auswahlverfahren nur aus schriftlichen Prüfungen besteht oder es nur eine kleine mündliche Zusatzprüfung gibt.

Die zweite Überlegung ist, ob es einem Spaß macht, vor anderen frei zu sprechen und ob man über die notwendige rhetorische Sicherheit verfügt. Jede mündliche Schwäche kann durch Training verbessert werden, aber auch durch noch so viel Übung wird aus einem eher schriftlichen Typus selten ein / -e brillante / -r Rhetoriker / -in. Ein

Auswahlgespräch ist kein Buch mit sieben Siegeln und kann auch trainiert werden. Dennoch sollte man grundsätzlich für sich klären, ob man eher zum schriftlichen oder mündlichen Typ zählt. Die einfachste Überlegung hierbei ist, sich zu fragen, in welcher der beiden Prüfungsformen man sich wohler fühlt bzw. sich weniger unwohl fühlt.

Da es bei etlichen Studiengängen die Möglichkeit gibt, sich entweder an einer Hochschule zu bewerben, die einen schriftlichen Hochschulauswahltest verlangt, oder an einer, die die Studienplatzvergabe nach einem mündlichen Auswahlgespräch vornimmt, sollte gründlich überlegt werden, ob man sich lieber auf einem sicheren oder unsicheren Terrain bewegen möchte.

Sind Mehrfachbewerbungen sinnvoll oder nicht?

Wer sich für einen Studienplatz bewerben möchte, der nicht über *hochschulstart.de* vergeben wird und bei dem auch keine freie Einschreibung möglich ist, sollte die Auswahl der infrage kommenden Studiengänge und Hochschulen sehr genau planen.

Es ergibt wenig Sinn und erhöht auch nicht die Chancen, sich überall zu bewerben. Und dies aus zwei Gründen. Die Tests und Auswahlgespräche finden in aller Regel für den Studienbeginn Wintersemester zwischen Mitte Juli und Anfang September statt, für das Sommersemester zwischen Mitte Februar und Anfang April. Terminkollisionen sind somit vorprogrammiert. Außerdem sollte man sich gezielt auf den Auswahltest an der jeweiligen Hochschule unter Einbeziehung des Hochschulortes vorbereiten. Es genügt nicht allein, das geforderte Fachwissen parat zu haben. Wer die Antworten der Hochschullehrer / -innen für Bewerber in den Fragebögen am Ende des Buches aufmerksam liest, wird feststellen, dass auch Fragen zur Hochschule und zum Hochschulort gestellt werden. Wer einfache Fragen, was man an der Hochschule studieren kann, warum man ausgerechnet diesen Hochschulort in die engere Wahl gezogen hat oder wie viele Mitstudenten einen dort erwarten, nicht beantworten kann oder in den Antworten meilenweit danebenliegt, wird Minuspunkte sammeln.

Umgekehrt ist es nicht sinnvoll, sich nur auf eine Hochschule und einen Studienplatz zu bewerben, weil man nicht wissen kann, wie viele Mitbewerber im Rennen sind und wer schließlich den Vorzug erhält.

Es sollte in jedem Fall mehr als eine Bewerbung sein, aber nicht mehr als fünf bis sieben. Deshalb der Rat: Nehmen Sie alle Hochschulen, an denen Sie sich vorstellen können, zu studieren. Ziehen Sie die Hochschulen ab, wo der Test-Typ nicht Ihrer Stärke entspricht. Machen Sie anschließend eine Reihung von den Hochschulen, an denen Sie, gäbe es keine Zulassungsbeschränkungen, am liebsten studieren würden, und bewerben Sie sich anschließend bei den ersten fünf, maximal sieben, Hochschulen auf dieser Liste.

Die Bewerber/-innen haben normalerweise keinen Einfluss auf die Termine der Auswahltests. Auch aus diesem Grund ist es sinnvoll, sich auf einige Hochschulen zu konzentrieren. Das statistische Prinzip, je mehr Versuche, desto mehr Treffer, funktioniert hier nicht. Besser ist es, sich auf wenige Tests gezielt vorzubereiten.

Also: Mehrfachbewerbungen ja, aber die Obergrenze im Auge behalten!

Fahrplan: Von Stufe 11 zum Studienplatz (im Fall von G9 von Stufe 12)

Abschließend erhalten Sie noch einige Tipps, wie Sie zwischen der Stufe 11, in der Sie sich so langsam Gedanken machen sollten über das, was nach dem Abitur auf Sie zukommt, und dem gelungenen Studienbeginn verfahren sollten.

Hierfür haben wir einen Fahrplan zusammengestellt, an dem Sie sich entlanghangeln und orientieren können:

Der optimale Fahrplan:

Anfang Stufe 11 / 2	• Entscheidung über Berufsausbildung oder Studium
Falls Berufsausbildung	• spätestens ein Jahr vor dem Abitur Bewerbung um den Ausbildungsplatz
Falls Studium (Beispiel: Beginn Wintersemester) **• Im Laufe von Stufe 12 / 1**	• Zielfächer einkreisen • *Studieren, aber was?* (von Angela Verse-Herrmann und Dieter Herrmann) durcharbeiten • Fachstudienführer besorgen • mit der Datenbank unter *www.studienwahl.de* infrage kommende Hochschulen heraussuchen • mehrere Studienberatungen mit der Bitte um Informationsmaterial anschreiben oder auf den Websites der Hochschulen recherchieren • in Erfahrung bringen, ob der gewünschte Studiengang zulassungsfrei ist oder ob die Studienplätze über *hochschulstart.de* oder eine Hochschulaufnahmeprüfung vergeben werden
• April	• Studienberatung(en) aufsuchen • vor Ort umschauen • Gespräch mit Studierenden suchen
• Mai / Juni	• Studien- und Prüfungsordnungen bzw. Modulhandbücher durchsehen • Entscheidung für Studienfach treffen • Studienortswahl treffen • erste Vorbereitung auf die Aufnahmeprüfung

• **31. Mai – 15. Juli**	• Bewerbung bei *hochschulstart.de* und / oder der Hochschule
	• Bewerbung um einen Studentenwohnheim- platz beim Studentenwerk der Hochschule
• **Juli / August**	• Intensive Vorbereitung auf die Aufnahmeprüfung
• **August / September**	• Zulassungs- oder Ablehnungsbescheid
• **Anschließend (bei positivem Bescheid)**	• Einschreibung
	• Vorlesungsverzeichnis durchsehen
	• Fachstudienberater aufsuchen
	• Stundenplan erstellen
	• Einführungsveranstaltungen besuchen
	• sich mit den Örtlichkeiten vertraut machen
• **1. September**	• Studienbeginn an den Fachhochschulen
• **1. Oktober**	• Studienbeginn an den Universitäten (Die Lehrveranstaltungen beginnen etwa zwei Wochen später)

Bei einem geplanten Studienbeginn zum Sommersemester verschieben sich die genannten Termine um jeweils sechs Monate.

Immer mehr NC-Fächer – die aktuelle Zulassungssituation

Für immer mehr Fächer gilt, dass vor dem Start ins Studium am Wunschort sehr oft der Numerus clausus steht. Der Ansturm auf die deutschen Hochschulen ist unvermindert stark. Seit 2005 stieg die Zahl der Studienanfänger um 42,7 Prozent. Im gleichen Zeitraum erfolgte aber kein entsprechender Ausbau von Studienplätzen, sodass sich die Hochschulen gezwungen sahen, mit Zulassungsbeschränkungen zu reagieren. Mittlerweile ist die Situation (Frühjahr 2014) so, dass knapp die Hälfte aller Studiengänge in Deutschland (45,5 Prozent) mit einem Numerus clausus belegt ist.

Es gibt aber, das ist für die Studienortswahl wichtig, erhebliche Unterschiede von Bundesland zu Bundesland und auch innerhalb der Fächer. Generell gilt, dass in den Stadtstaaten Berlin, Bremen und Hamburg sehr viel mehr Studienplätze (aktuell zwei Drittel aller Studiengänge) zulassungsbeschränkt sind als in den Flächenstaaten. Die Chancen, an den ostdeutschen Hochschulen einen Studienplatz zu bekommen, sind statistisch rund doppelt so hoch, wie an den westdeutschen.

Bundesweit ist etwa jeder zweite Bachelor- und jeder dritte Masterstudiengang mit einem NC belegt. An Fachhochschulen einen Studienplatz zu bekommen ist etwas schwieriger (49,5 Prozent zulassungsbeschränkt) als an Universitäten (43,7 Prozent zulassungsbeschränkt). Überdurchschnittlich viele NCs haben die Rechts-, Wirtschafts- und Sozialwissenschaften mit knapp 54 Prozent, danach folgen die mathematisch-naturwissenschaftlichen und die ingenieurwissenschaftlichen Studiengänge. Die sprach- und kulturwissenschaftlichen Studiengänge haben, trotz weiter steigender Zulassungsbeschränkungen, nach wie vor einen freieren Zugang.

Wie wichtig die Ortswahl ist, zeigen Beispiele aus Hamburg und Thüringen. In Hamburg sind rund 92 Prozent der mathematisch-naturwissenschaftlichen Studiengänge zulassungsbeschränkt, in Thüringen sind es bei den Ingenieurwissenschaften nur 7,3 Prozent.

Diese Informationen sind sehr wichtig für Studieninteressenten, die bereit sind, sich außerhalb ihres Bundeslandes oder ihrer Wunschhochschule zu bewerben.

Dies sind Ergebnisse der Studie »Der CHE Numerus Clausus-Check 2013/14« des CHE Centrum für Hochschulentwicklung. Siehe hierzu unter: *www.che.de* unter »Publikationen«: CHE_AP_178_Numerus_Clausus_Check_2013_14.pdf

(Quelle: Pressemitteilung des CHE vom 9. April 2014).

Tipps von Hochschullehrerinnen und -lehrern für Bewerber/-innen

In diesem Kapitel geben namhafte Hochschullehrer/-innen der Fächer, in denen ein Großteil der Studierenden eingeschrieben ist und für die Hochschulauswahlverfahren stattfinden, ihre Sichtweise auf diese Auswahlverfahren wieder, geben Tipps und Ratschläge, um die Tests erfolgreich zu bestehen, und informieren über Fragen, mit denen in einem solchen Auswahltest zu rechnen ist.

Studieren Sie die Antworten Ihrer möglichen künftigen Prüfer sehr genau. Auch zwischen den Zeilen können Sie jede Menge Insider-Informationen sammeln, die für das Bestehen oder Nichtbestehen der Aufnahmeprüfung wichtig sein können.

Schauen Sie sich vor allem die Fragen, bei denen die Hochschullehrer/-innen Auskunft geben, welche Kenntnisse und Schlüsselqualifikationen sie von ihren künftigen Studierenden erwarten, gründlich an.

Auch wenn die Antworten der Hochschullehrer/-innen sich je nach Fach ein wenig unterscheiden, so sind dennoch Gemeinsamkeiten erkennbar:

- Alle Befragten begrüßen den Trend, dass sich die Hochschulen ihre künftigen Studierenden selbst auswählen können.

- Das Auswahlgespräch und die schriftliche Bewerbung mit Motivationsschreiben werden von den meisten gegenüber einem schriftlichen Studieneingangstest bevorzugt.

- Die Abiturdurchschnittsnote spielt in den meisten Fällen bei der Bewerberauswahl keine oder nur eine geringe Rolle.

- Fast alle Befragten legen Wert auf die Noten in Deutsch, Mathematik und Englisch sowie bei naturwissenschaftlichen Studiengängen auf die Noten in den naturwissenschaftlichen Fächern.

- Eine vorherige berufliche Ausbildung wird als nützlich, aber nicht als entscheidend für die Auswahl angesehen. Auch einschlägige Praktika haben einen hohen Stellenwert.

- Jeder der befragten Hochschullehrer legt bei den Bewerbern Wert auf die Beherrschung der deutschen Sprache.

- Gute Allgemeinbildung und ein breites Basiswissen des Faches werden für wichtiger gehalten als vertieftes Fachwissen oder Leistungskurse in der Oberstufe.

- Die wenigsten der Befragten würden Fachwissen abfragen. Weit wichtiger ist ihnen, mehr über die Persönlichkeit der Bewerber in Erfahrung zu bringen, ihre Studienmotivation und ihre Vorstellung vom künftigen Studium zu erfragen und dabei auch die sogenannten »Soft Skills« wie Kommunikationsfähigkeit, Teamorientierung oder soziale Kompetenz bei der Kandidatenauswahl einzubeziehen.

Tipp

Die drei zentralen Fragen eines Auswahlgesprächs sind:

- Warum wollen Sie dieses Fach studieren?

- Welche fachlichen und persönlichen Voraussetzungen und welche Motivation bringen Sie für dieses Studienfach mit?

- Warum wollen Sie dieses Fach bei uns studieren?

Biologie und Biowissenschaften

Fragen an: Herrn Dr. Carsten Roller, Ressortleiter »Ausbildung & Karriere« des Verbandes Biologie, Biowissenschaften und Biomedizin in Deutschland e. V.

1. In immer mehr Fächern reicht das Abitur als alleinige Zugangsvoraussetzung zu einem Studium nicht mehr aus. Studienbewerber müssen Hochschulauswahlverfahren in Form von schriftlichen Bewerbungen mit Motivationsschreiben, mündlichen Auswahlgesprächen oder schriftlichen Studieneignungstests durchlaufen. Tendenz steigend. Die Hochschulen können sich, wie das in anderen Ländern gängige Praxis ist, ihre Studierenden zunehmend selbst auswählen. Was halten Sie von dieser Entwicklung?
   Gerade einseitig Begabte können von dieser Entwicklung profitieren, da dann nicht nur der Abi-Schnitt zum Tragen kommt. Allerdings werden die Studiendekanate durch individuelle Auswahlverfahren auch personell sehr belastet, zumal das Ganze auch gerichtsfest mit Beisitzer und Protokoll organisiert werden muss. Daher sehnen sich viele nach so etwas wie der Zentralen Vergabestelle ZVS in Dortmund zurück.

2. Welche Form der oben genannten drei Auswahlverfahren (schriftliche Bewerbung mit Motivationsschreiben, mündliches Auswahlgespräch, schriftlicher Studieneignungstest) würden Sie für Ihr Fach bevorzugen? Und warum?
   Ein anständiges Motivationsschreiben, das nicht nur aus Standardfloskeln besteht, und ein Blick auf die einschlägigen Teilnoten des Abiturs helfen bei der ersten Sichtung. Die allgemeine Hochschulzulassung sollte meiner Meinung nach aber nicht durch einen schriftlichen Test verwässert werden. Ein mündliches Auswahlgespräch (nach Vorsortierung) ist viel aussagekräftiger, da die Persönlichkeit des Studienbewerbers berücksichtigt werden kann. Allerdings ist dies so personalintensiv, dass es rein organisatorisch oft nur bei kleineren Studiengängen möglich ist.

3. Welche Bedeutung hat Ihrer Meinung nach die Abiturdurchschnittsnote, die bisher in den zulassungsbeschränkten Studiengängen das Hauptauswahlkriterium war, für die Studieneignung?
   Der Abi-Durchschnitt ist nicht sehr aussagekräftig. Viel wichtiger sind die Teilnoten – in den Naturwissenschaften, Mathe, Deutsch und Englisch, das als Wissenschaftssprache immer wichtiger wird.

4. In welchen Schulfächern sollten künftige Studierende Ihres Fachs gute oder sehr gute Noten haben?
   Wie schon gesagt, in den Naturwissenschaften, Mathe, Deutsch und Englisch.

5. Würden Sie jemand zum Studium Ihres Fachs zulassen, der in diesem Fach oder in verwandten Fächern nur eine durchschnittliche oder sogar schlechte Note im Abiturzeugnis hat?
   Eine schlechte Note in den genannten Kernfächern muss schon begründet werden können. Daher bin ich für eine individuelle Beurteilung der Kandidaten. Gute Ergebnisse z. B. bei der »Biologieolympiade« oder »Jugend forscht« können dokumentieren, dass der Schüler eben Pech hatte mit einem Lehrer, aber durchaus ein guter Biologe werden kann.

6. Was sollten Studierende für Ihr Fach mitbringen, was sich nicht an den Schulnoten ablesen lässt?
   Engagement, z. B. die Teilnahme an den oben genannten Wettbewerben, oder auch ein einschlägiges Praktikum und Engagement im ehrenamtlichen Bereich kann zeigen, dass es nicht nur auf Schulnoten ankommt.

7. Halten Sie eine vorherige berufliche Ausbildung für wichtig für das Studium und, falls ja, welche würden Sie empfehlen?
   Eine berufliche Ausbildung ist nicht der Königsweg, da man ja erst einmal 2 – 3 Jahre älter ist als die Kommilitonen. Auf der anderen Seite kann es gerade für »Spätzünder« sehr hilfreich sein, erst einmal in den beruflichen Bereich hineinzuschnuppern über eine BTA-Schule oder eine Biologielaborantenausbildung. Ein Praktikum genügt jedoch sicherlich für viele, um vor dem Studium einen ersten Blick in die zukünftigen Arbeitsbereiche zu bekommen.

8. Was ist nach Ihrer Meinung wichtiger, dass der/die Studienbewerber/-in möglichst bereits vertieftes Fachwissen, z. B. durch Leistungskurse in der Oberstufe, mitbringt oder dass er oder sie über eine gute Allgemeinbildung, ein sicheres Deutsch und ein breites Basiswissen verfügt? Oder halten Sie beides für gleich wichtig?
   Vertieftes Fachwissen ist nicht hinderlich, allerdings reicht Schulniveau an der Universität oft nur für die ersten Wochen. Da ist derjenige, der sich auf seinen schulischen Lorbeeren ausruht, ganz schnell im Hintertreffen. Allgemeinbildung wird bei

zukünftigen Akademikern vorausgesetzt. Deutsch sollte für Bildungsinländer auch selbstverständlich sein. Basiswissen in Mathematik und Physik ist überlebenswichtig in der Biologie, lässt sich aber nachlernen.

9. Was sind nach Ihrer Erfahrung und Einschätzung die wichtigsten Kriterien für den Studienerfolg?
Hohe intrinsische Motivation, Leistungsbereitschaft, Fähigkeit über den Tellerrand zu schauen, sprich Neugier.

10. Würden Sie bei einem Studieneignungstest Fachwissen abfragen und, falls ja, welches? (Könnten Sie hier vielleicht einige Beispiele nennen?)
Zurzeit werden Bildungsstandards von der Kultusministerkonferenz festgelegt, aus denen dann auch allgemeine Abiturstandards festgelegt werden könnten. Auf der anderen Seite gibt es einen Konsens der Biologischen Fachbereiche, einen Mindeststandard für Studienanfänger zu definieren. Die Diskussion um ein bundesweites Zentralabitur zeigt aber, dass wir noch sehr weit weg sind von klaren Standards.

11. Wenn Sie nur drei Fragen stellen dürften, um eine /-n Studienbewerber /-in auszuwählen, welche drei Fragen würden Sie stellen?
• *Warum wollen Sie gerade bei uns studieren?*
• *Was wollen Sie mit dem Abschlusszeugnis unserer Hochschule anfangen?*
• *Nennen Sie drei Nobelpreisträger (alternativ: biotechnische Produkte), die für Sie besondere Bedeutung haben.*

12. Wie sollte sich der / die Bewerber /-in Ihrer Meinung nach auf das Studium oder das Auswahlverfahren vorbereiten?
Wichtig ist eine möglichst umfassende Recherche, wo und wie man studieren will (s. u.a. Quellen). Das Kriterium »Nähe zum Heimatort« sollte die Entscheidung nicht zu sehr beeinflussen. Viel wichtiger wäre es, mit älteren Studierenden oder gar Professoren zu sprechen, um sich über die eigene Lebensplanung und Studienziele klarer zu werden.

Wichtige Links und Buchhinweise:

- Linktipp: *http://www.vbio.de* – das Informationsnetzwerk in den Biowissenschaften

- Die Infobroschüre *Perspektiven – Berufsbilder von und für Biologen, Biowissenschaftler und weitere Naturwissenschaftler* (ISBN 3-9806803-0-4) gibt anhand aktueller Lebensläufe Entscheidungshilfen für die Berufswahl: »Was kann ich werden, wenn ich Biologie studiert habe?«

- Der *Studienführer Biologie – Biochemie – Biotechnologie – Biomedizin* (ISBN 3-8274-1529-2) beschreibt alle biowissenschaftlichen Studiengänge an deutschen Universitäten, Fachhochschulen und Pädagogischen Hochschulen, s. auch *http://www.studienfuehrer-bio.de*

Chemie und Lebensmittelchemie

Fragen an: Dr. Thomas Geelhaar, Präsident der Gesellschaft Deutscher Chemiker e. V.

1. In immer mehr Fächern reicht das Abitur als alleinige Zugangsvoraussetzung zu einem Studium nicht mehr aus. Studienbewerber müssen Hochschulauswahlverfahren in Form von schriftlichen Bewerbungen mit Motivationsschreiben, mündlichen Auswahlgesprächen oder schriftlichen Studieneignungstests durchlaufen. Tendenz steigend. Die Hochschulen können sich, wie das in anderen Ländern gängige Praxis ist, ihre Studierenden zunehmend selbst auswählen. Was halten Sie von dieser Entwicklung?
   Auswahlverfahren in zulassungsbeschränkten Fächern sind unvermeidlich. Durch Auswahlgespräche könnten die hohen Abbruchquoten verringert werden. Daher begrüße ich diese Entwicklung.

2. Welche Form der oben genannten drei Auswahlverfahren (schriftliche Bewerbung mit Motivationsschreiben, mündliches Auswahlgespräch, schriftlicher Studieneignungstest) würden Sie für Ihr Fach bevorzugen? Und warum?
   Ich würde ein mündliches Auswahlgespräch vorziehen. Im Auswahlgespräch ist am ehesten Eignung und Motivation erkennbar.

3. Welche Bedeutung hat Ihrer Meinung nach die Abiturdurchschnittsnote, die bisher in den zulassungsbeschränkten Studiengängen das Hauptauswahlkriterium war, für die Studieneignung?
   Gute Abiturnoten sind ein wichtiges Kriterium, reichen alleine aber nicht aus.

4. In welchen Schulfächern sollten künftige Studierende Ihres Fachs gute oder sehr gute Noten haben?
   In den MINT-Fächern und Englisch.

5. Würden Sie jemand zum Studium Ihres Fachs zulassen, der in diesem Fach oder in verwandten Fächern nur eine durchschnittliche oder sogar schlechte Note im Abiturzeugnis hat?
   Nicht mit schlechten Noten, wohl aber mit durchschnittlichen Noten.

6. Was sollten Studierende für Ihr Fach mitbringen, was sich nicht an den Schulnoten ablesen lässt?
   Begeisterung für die Chemie, praktische Begabung, Durchhaltevermögen.

7. Halten Sie eine vorherige berufliche Ausbildung für wichtig für das Studium und, falls ja, welche würden Sie empfehlen?
   Vor dem Chemiestudium ist keine Berufsausbildung erforderlich.

8. Was ist nach Ihrer Meinung wichtiger, dass der/die Studienbewerber/-in möglichst bereits vertieftes Fachwissen, z.B. durch Leistungskurse in der Oberstufe, mitbringt oder dass er oder sie über eine gute Allgemeinbildung, ein sicheres Deutsch und ein breites Basiswissen verfügt? Oder halten Sie beides für gleich wichtig?
   Beides ist gleich wichtig: Leistungskurse in den MINT-Fächern erleichtern den Einstieg ins Studium, die gute Allgemeinbildung ist aber genauso wichtig für ein wissenschaftliches Studium.

9. Was sind nach Ihrer Erfahrung und Einschätzung die wichtigsten Kriterien für den Studienerfolg?
   Fähigkeit zum Verständnis komplexer Zusammenhänge, Fleiß, Durchhaltevermögen, sorgfältige Arbeitsweise.

10. Würden Sie bei einem Studieneignungstest Fachwissen abfragen und, falls ja, welches?
    Nein.

11. Wenn Sie nur drei Fragen stellen dürften, um eine / -n Studienbewerber / -in auszuwählen, welche drei Fragen würden Sie stellen?
    • *Warum wollen Sie Chemie studieren?*
    • *Welche Vorstellungen haben Sie vom Chemie-Studium?*
    • *Was wollen Sie nach dem Chemie-Studium machen?*

12. Wie sollte sich der / die Bewerber / -in Ihrer Meinung nach auf das Studium oder das Auswahlverfahren vorbereiten?
    Durch eine breite naturwissenschaftliche Ausbildung in der Schule.

Elektrotechnik

Fragen an: Dr.-Ing. Larissa Vietzorreck, TU München, Lehrstuhl für Hochfrequenztechnik

1. In immer mehr Fächern reicht das Abitur als alleinige Zugangsvoraussetzung zu einem Studium nicht mehr aus. Studienbewerber müssen Hochschulauswahlverfahren in Form von schriftlichen Bewerbungen mit Motivationsschreiben, mündlichen Auswahlgesprächen oder schriftlichen Studieneignungstests durchlaufen. Tendenz steigend. Die Hochschulen können sich, wie das in anderen Ländern gängige Praxis ist, ihre Studierenden zunehmend selbst auswählen. Was halten Sie von dieser Entwicklung?
   Für kleine, ausgewählte Elitestudiengänge, bei denen nur die allerbesten aus einer großen Gruppe ausgewählt werden, halte ich dieses Verfahren für sinnvoll.
   Für einen normalen Studiengang mit Anfängerzahlen von bis zu 1 000 Studierenden bedeutet ein solches Verfahren einen sehr hohen Arbeitsaufwand. Ich denke auch, dass es hier viel schwieriger ist, z. B. genau die Hälfte der Studenten anhand solcher Kriterien auszuwählen.
   Geeigneter finde ich hier das Verfahren der GOP (Grundlagen- und Orientierungsprüfung), bei der die Studierenden innerhalb des ersten Studienjahres verpflichtende Prüfungen haben, die nur einmal wiederholt werden können. Hierdurch wird sehr

schnell festgestellt, wer die entsprechenden Voraussetzungen für einen positiven Abschluss aufweist.

2. Welche Form der oben genannten drei Auswahlverfahren (schriftliche Bewerbung mit Motivationsschreiben, mündliches Auswahlgespräch, schriftlicher Studieneignungstest) würden Sie für Ihr Fach bevorzugen? Und warum?
   Motivationsschreiben gibt es zu Dutzenden vorgefertigt im Internet, diese sagen also wenig über die Qualifikation aus. Ein schriftlicher Eignungstest oder auch ein mündliches Gespräch mit einigen fachlichen Fragen ist hier besser geeignet, da man dadurch das notwendige Vorwissen und die Auffassungsgabe des Kandidaten besser überprüfen kann. In einem mündlichen Gespräch lassen sich darüber hinaus Motivation und sprachliche Qualifikation besser feststellen.

3. Welche Bedeutung hat Ihrer Meinung nach die Abiturdurchschnittsnote, die bisher in den zulassungsbeschränkten Studiengängen das Hauptauswahlkriterium war, für die Studieneignung?
   Die Abiturnote sagt im Fall der Elektrotechnik nicht eindeutig etwas über die Qualifikation aus. Gerade im technischen Bereich gibt es stark einseitig mathematisch oder technisch begabte Kandidaten, die aber große Defizite auf sprachlichem oder anderen Gebieten aufweisen und daher eine eher schlechte Abiturnote haben.

4. In welchen Schulfächern sollten künftige Studierende Ihres Fachs gute oder sehr gute Noten haben?
   Mathematik und Physik, evtl. Informatik; gute Kenntnisse in Deutsch und Englisch sind hilfreich, aber nicht zwingend (s. o.).

5. Würden Sie jemand zum Studium Ihres Fachs zulassen, der in diesem Fach oder in verwandten Fächern nur eine durchschnittliche oder sogar schlechte Note im Abiturzeugnis hat?
   Kandidaten mit durchgängig schlechten Noten in diesen Fächern würde ich nicht zulassen. Interessant ist da mehr die Entwicklung: Manche Kandidaten entwickeln sich erst spät und bekommen erst im Laufe der Schulzeit Interesse an und Fähigkeiten in einem mathematischen / naturwissenschaftlichen Fach. Ist eine solche Entwicklung zu erkennen, kann man davon ausgehen, dass die Leistungen im Studium sich weiter steigern werden.

6. Was sollten Studierende für Ihr Fach mitbringen, was sich nicht an den Schulnoten ablesen lässt?

   Neugier, Kreativität, um Neues zu entwickeln, aber auch logisches Denken und strukturiertes Handeln sowie Disziplin, um das nicht unerhebliche Prüfungspensum in der gegebenen Zeit zu bewältigen.

7. Halten Sie eine vorherige berufliche Ausbildung für wichtig für das Studium und, falls ja, welche würden Sie empfehlen?

   Für Studierende, die einen universitären Master abschließen wollen, ist eine vorherige berufliche Ausbildung nicht besonders wichtig oder gar zwingend. Natürlich rundet eine Ausbildung im technischen Bereich evtl. das Profil des Kandidaten ab und kann Vorteile bringen, wenn jemand später eher praktische Probleme zu lösen hat. Allerdings liegen die Anforderungen an Universitätsabsolventen hinterher jedoch meist stärker bei theoretischen und übergeordneten Aufgaben.

8. Was ist nach Ihrer Meinung wichtiger, dass der/die Studienbewerber/-in möglichst bereits vertieftes Fachwissen, z.B. durch Leistungskurse in der Oberstufe, mitbringt oder dass er oder sie über eine gute Allgemeinbildung, ein sicheres Deutsch und ein breites Basiswissen verfügt? Oder halten Sie beides für gleich wichtig?

   Ein guter und geeigneter Student kommt mit beiden Arten zurecht. Vertiefte Kenntnisse sind aber schon wertvoll. Im Studium werden zwar alle wichtigen Inhalte durchgenommen, aber zum Teil in einem so schnellen Tempo, dass ein durchschnittlicher oder eher schwacher Student, für den der Stoff völlig neu ist, leicht den Anschluss und dadurch die Motivation verliert.

9. Was sind nach Ihrer Erfahrung und Einschätzung die wichtigsten Kriterien für den Studienerfolg?

   Logisches/technisches Verständnis, strukturiertes Handeln, Fleiß und Disziplin.

10. Würden Sie bei einem Studieneignungstest Fachwissen abfragen und, falls ja, welches? (Könnten Sie hier vielleicht einige Beispiele nennen?)

    Ja, ein gewisses Maß an Fachwissen ist einfach notwendig, um im Studium von Anfang an mitzukommen. Beispiele:
    - *Wie kann ich das Minimum einer Kurve bestimmen?*
    - *Was ist eine Sinusfunktion?*

- *Warum leuchtet eine Glühbirne?*
- *Warum fällt ein Ball, den Ich nach vorn werfe, immer im Bogen auf den Boden?*

11. Wenn Sie nur drei Fragen stellen dürften, um eine / -n Studienbewerber / -in auszuwählen, welche drei Fragen würden Sie stellen?
    - *Wie kann ich das Minimum einer Kurve bestimmen?*
    - *Warum leuchtet eine Glühbirne?*
    - *Was gefällt Ihnen an der Elektrotechnik besser als an anderen Fächern?*

12. Wie sollte sich der / die Bewerber / -in Ihrer Meinung nach auf das Studium oder das Auswahlverfahren vorbereiten?
    Solides Grundwissen in Mathematik und Physik und evtl. gewisse Kenntnisse einer Programmiersprache sind nützlich. Diese Kenntnisse sollten sich aber über Jahre in der Schule entwickelt haben. Vor einem Auswahlverfahren oder, falls zwischen Abitur und Beginn des Studiums eine gewisse Zeit liegt, ist es hilfreich, sich das gelernte Wissen und die entsprechenden Begriffe vielleicht nochmal anhand eines Mathematik- oder Physikbuches ins Gedächtnis zu rufen. Ein kurzfristiges Aneignen neuer Inhalte ohne entsprechendes Verständnis oder Auswendiglernen von Motivationsschreiben nützt wenig.

Humanmedizin

Fragen an: Frau Prof. Dr. med. Elke Lütjen-Drecoll, Universität Erlangen-Nürnberg. Präsidentin der Akademie der Wissenschaften und der Literatur Mainz 2006 – 2013.

1. In immer mehr Fächern reicht das Abitur als alleinige Zugangsvoraussetzung zu einem Studium nicht mehr aus. Studienbewerber müssen Hochschulauswahlverfahren in Form von schriftlichen Bewerbungen mit Motivationsschreiben, mündlichen Auswahlgesprächen oder schriftlichen Studieneignungstests durchlaufen. Tendenz steigend. Die Hochschulen können sich, wie das in anderen Ländern gängige Praxis ist, ihre Studierenden zunehmend selbst auswählen. Was halten Sie von dieser Entwicklung?
   Ich befürworte diese Entwicklung.

2. Welche Form der oben genannten drei Auswahlverfahren (schriftliche Bewerbung mit Motivationsschreiben, mündliches Auswahlgespräch, schriftlicher Studieneignungstest) würden Sie für Ihr Fach bevorzugen? Und warum?
   Den schriftlichen Studieneignungstest, da mündliche Auswahlgespräche aus zeitlichen Gründen in der Medizin nicht bewältigt werden können. Motivationsschreiben könnten auch problemlos von anderen Personen verfasst werden.

3. Welche Bedeutung hat Ihrer Meinung nach die Abiturdurchschnittsnote, die bisher in den zulassungsbeschränkten Studiengängen das Hauptauswahlkriterium war, für die Studieneignung?
   Sie ist sicher ein objektives Verfahren, ist aber kein Garant für eine erfolgreiche ärztliche Tätigkeit.

4. In welchen Schulfächern sollten künftige Studierende Ihres Fachs gute oder sehr gute Noten haben?
   In naturwissenschaftlichen und künstlerischen Fächern.

5. Würden Sie jemand zum Studium Ihres Fachs zulassen, der in diesem Fach oder in verwandten Fächern nur eine durchschnittliche oder sogar schlechte Note im Abiturzeugnis hat?
   Wenn es ein einzelnes Fach betrifft, ja; wenn es alle Fächer betrifft, hätte ich Bedenken, da Fleiß eine wichtige Voraussetzung für ein erfolgreiches Studium ist.

6. Was sollten Studierende für Ihr Fach mitbringen, was sich nicht an den Schulnoten ablesen lässt?
   Liebe zum Mitmenschen und die Fähigkeit, auch mit schwierigen Situationen überlegt umzugehen. Sanitätsdienst oder entsprechende Praktika böten z. B. gute Möglichkeiten, diese Fähigkeiten zu testen.

7. Halten Sie eine vorherige berufliche Ausbildung für wichtig für das Studium und, falls ja, welche würden Sie empfehlen?
   Eine über den oben erwähnten Sanitätsdienst oder Praktika hinausgehende berufliche Ausbildung halte ich nicht für erforderlich.

8. Was ist nach Ihrer Meinung wichtiger, dass der / die Studienbewerber/-in möglichst bereits vertieftes Fachwissen, z. B. durch Leistungskurse in der Oberstufe, mitbringt oder dass er oder sie über eine gute Allgemeinbildung,

ein sicheres Deutsch und ein breites Basiswissen verfügt? Oder halten Sie beides für gleich wichtig?

Eine gute Allgemeinbildung und breites Basiswissen; ein Leistungskurs kann das Interesse an den im Studium gelehrten Fächern vertiefen und ist dann hilfreich. Der Fachlehrer hat aber häufig nicht die Möglichkeit, das für das Studium erforderliche Fachwissen auf dem neuesten Stand zu lehren. Dann kann das in der Schule erlernte Fachwissen im Studium sogar hinderlich sein.

9. Was sind nach Ihrer Erfahrung und Einschätzung die wichtigsten Kriterien für den Studienerfolg?

    Interesse und Freude an den Fächern und Fleiß.

10. Würden Sie bei einem Studieneignungstest Fachwissen abfragen und, falls ja, welches? (Könnten Sie hier vielleicht einige Beispiele nennen?)

    Auch wenn die Abiturnoten unterschiedlich bewertet werden müssen, können sie doch einen Eindruck über das Fachwissen vermitteln. Ich halte es deshalb nicht für erforderlich, Fachwissen abzufragen.

11. Wenn Sie nur drei Fragen stellen dürften, um eine / -n Studienbewerber / -in auszuwählen, welche drei Fragen würden Sie stellen?

    Diese Frage kann ich nicht beantworten, da ich mir aus drei Fragen kein Bild machen würde. Auf die Art der Antworten in einem Gespräch kommt es an.

12. Wie sollte sich der / die Bewerber / -in Ihrer Meinung nach auf das Studium oder das Auswahlverfahren am besten vorbereiten?

    Wie oben erwähnt durch Fleiß in der Schule und durch Praktika.

Informatik

Fragen an: Prof. Dr. Hans-Ulrich Bühler, Vorsitzender des Fachbereichstages Informatik

1. In immer mehr Fächern reicht das Abitur als alleinige Zugangsvoraussetzung zu einem Studium nicht mehr aus. Studienbewerber müssen Hochschulauswahlverfahren in Form von schriftlichen Bewerbungen mit Motivationsschreiben, mündlichen Auswahlgesprächen oder schriftlichen Studieneignungstests durchlaufen. Tendenz steigend. Die Hochschulen können sich, wie das in ande-

ren Ländern gängige Praxis ist, ihre Studierenden zunehmend selbst auswählen. Was halten Sie von dieser Entwicklung?

Zulassungsverfahren sind sinnvoll, wenn die Bewerberzahlen größer als die vorhandenen Kapazitäten sind.

2. Welche Form der oben genannten drei Auswahlverfahren (schriftliche Bewerbung mit Motivationsschreiben, mündliches Auswahlgespräch, schriftlicher Studieneignungstest) würden Sie für Ihr Fach bevorzugen? Und warum?

    Auswahlgespräch auf Basis eines vorherigen Zulassungsverfahrens (notenbasiert, u. a. Mathe, Deutsch) mit Rangliste, um den Aufwand klein zu halten. Motivationsschreiben sind wenig aussagekräftig.

3. Welche Bedeutung hat Ihrer Meinung nach die Abiturdurchschnittsnote, die bisher in den zulassungsbeschränkten Studiengängen das Hauptauswahlkriterium war, für die Studieneignung?

    Wichtig, aber nicht überzubewerten, da hier wichtige Fächer wie Mathe, Deutsch, Englisch und ggf. Informatik gegenüber anderen (wie Sport, Religion, Latein, Musik, Kunst etc.) unterbewertet sein können.

4. In welchen Schulfächern sollten künftige Studierende Ihres Fachs gute oder sehr gute Noten haben?

    Mathe, Deutsch, Englisch und Informatik.

5. Würden Sie jemand zum Studium Ihres Fachs zulassen, der in diesem Fach oder in verwandten Fächern nur eine durchschnittliche oder sogar schlechte Note im Abiturzeugnis hat?

    Gegebenenfalls, hängt von der Bewerbersituation ab, aber unabhängig davon: nein.

6. Was sollten begabte Studierende für Ihr Fach mitbringen, was sich nicht an den Schulnoten ablesen lässt?

    Logisches Denken, Kritikfähigkeit, Begeisterung für Informatik.

7. Halten Sie eine vorherige berufliche Ausbildung für wichtig für das Studium und, falls ja, welche würden Sie empfehlen?

    Nicht so wichtig.

8. Würden Sie in einem Test die Allgemeinbildung eines Bewerbers und die Beherrschung der deutschen Sprache testen?
   Unbedingt.

9. Was ist nach Ihrer Meinung wichtiger, dass der/die Studienbewerber/-in möglichst bereits vertieftes Fachwissen, z.B. durch Leistungskurse an der Oberstufe, mitbringt oder dass er oder sie über eine gute Allgemeinbildung und ein breites Basiswissen verfügt?
   Unentschieden. Beides ist wichtig.

10. Würden Sie bei einem Studieneignungstest Fachwissen abfragen und, falls ja, welches? (Könnten Sie hier vielleicht einige Beispiele nennen?)
    Nur im allgemeinen Kontext (Fachwissen in engerem Sinne ist für ein Hochschulstudium nicht Voraussetzung und kann daher nicht ex ante abgeprüft werden!). Zum Beispiel:
    - *Wie kommuniziert ein Computer mit anderen im Internet?*
    - *Was ist ein Internet?*
    - *Welche Cyber-Attacken kennen Sie und wie würden Sie sich davor schützen?*

11. Wenn Sie nur drei Fragen stellen dürften, um eine/-n Studienbewerber/-in auszuwählen, welche drei Fragen würden Sie stellen?
    - *Warum wollen Sie Informatik studieren?*
    - *Was ist die kleinste Informationseinheit eines Speichers?*
    - *Lösen Sie die quadratische Gleichung $ax^2 + bx + c = 0$!*

12. Wie sollte sich der/die Bewerber/-in Ihrer Meinung nach auf das Studium oder das Auswahlverfahren vorbereiten?
    Gute Kenntnisse in Mathematik, Deutschkenntnisse in Wort und Schrift, Begeisterung für Informatik.

Psychologie

Fragen an: Prof. Dr. Peter Schwenkmezger, Professor für Psychologie, Präsident der Universität Trier (2000 – 2011)

1. In immer mehr Fächern reicht das Abitur als alleinige Zugangsvoraussetzung zu einem Studium nicht mehr aus. Studienbewerber müssen Hochschulauswahlverfahren in Form von schriftlichen Bewerbungen mit Motivationsschreiben, mündlichen Auswahlgesprächen oder schriftlichen Studieneignungstests durchlaufen. Tendenz steigend. Die Hochschulen können sich, wie das in anderen Ländern gängige Praxis ist, ihre Studierenden zunehmend selbst auswählen. Was halten Sie von dieser Entwicklung?
   Ich finde es gut, wenn die Hochschulen ihre Studierenden selbst auswählen können. Das sollte generell eingeführt werden.

2. Welche Form der oben genannten drei Auswahlverfahren (schriftliche Bewerbung mit Motivationsschreiben, mündliches Auswahlgespräch, schriftlicher Studieneignungstest) würden Sie für Ihr Fach bevorzugen? Und warum?
   Ich würde einen schriftlichen Studieneignungstest bevorzugen, auch wenn es nicht einfach ist, einen solchen zu konstruieren. Aber er ist weitgehend objektiv und zwischen Bewerberinnen und Bewerbern sind die Ergebnisse vergleichbar. Im Zweifelsfall könnte man noch andere Kriterien (schriftliche Bewerbung, mündliche Auswahlgespräche, Abiturnote, andere Vorleistungen) heranziehen.

3. Welche Bedeutung hat Ihrer Meinung nach die Abiturdurchschnittsnote, die bisher in den zulassungsbeschränkten Studiengängen das Hauptauswahlkriterium war, für die Studieneignung?
   Die Abiturnote war (und ist) nicht schlecht als Auswahlkriterium, aber sie ist natürlich nur ein sehr selektives Kriterium. Die Abiturnote hat auch geeignete Studierende ausgeschlossen.

4. In welchen Schulfächern sollten künftige Studierende Ihres Fachs gute oder sehr gute Noten haben?
   Mathematik, Englisch, Deutsch.

5. Würden Sie jemand zum Studium Ihres Fachs zulassen, der in diesem Fach oder in verwandten Fächern nur eine durchschnittliche oder sogar schlechte Note im Abiturzeugnis hat?
    Ausnahmen kann es geben, ich wäre aber sehr skeptisch.

6. Was sollten Studierende für Ihr Fach mitbringen, was sich nicht an den Schulnoten ablesen lässt?
    Neugier, Konzentrationsfähigkeit, gute Organisation in persönlichen Dingen.

7. Halten Sie eine vorherige berufliche Ausbildung für wichtig für das Studium und, falls ja, welche würden Sie empfehlen?
    Na ja, schaden kann das nicht, aber notwendig ist es nicht.

8. Was ist nach Ihrer Meinung wichtiger, dass der / die Studienbewerber / -in möglichst bereits vertieftes Fachwissen, z. B. durch Leistungskurse in der Oberstufe, mitbringt oder dass er oder sie über eine gute Allgemeinbildung, ein sicheres Deutsch und ein breites Basiswissen verfügt? Oder halten Sie beides für gleich wichtig?
    Beides ist sicher von Vorteil, ich halte aber vor allem auch das Zweitgenannte für wichtig (breites Basiswissen).

9. Was sind nach Ihrer Erfahrung und Einschätzung die wichtigsten Kriterien für den Studienerfolg?
    Gute Leistungen in Mathematik, Englisch und Deutsch. Fleiß, gute Merkfähigkeit, gute Organisation des Lernens. Unterstützung durch Lehrpersonal (auch Professoren).

10. Würden Sie bei einem Studieneignungstest Fachwissen abfragen und, falls ja, welches? (Könnten Sie hier vielleicht einige Beispiele nennen?)
    Ich würde kein Fachwissen abfragen.

11. Wenn Sie nur drei Fragen stellen dürften, um eine / -n Studienbewerber / -in auszuwählen, welche drei Fragen würden Sie stellen?
    - *Warum wollen Sie dieses Fach studieren?*
    - *Haben Sie sich Alternativen überlegt?*
    - *Wie sieht es mit Ihrer Ausdauer und Ihrem Fleiß aus?*

12. Wie sollte sich der/die Bewerber/-in Ihrer Meinung nach auf das Studium oder das Auswahlverfahren vorbereiten?
Das Studium würde ich auf mich zukommen lassen. Beim Auswahlverfahren kommt es darauf an, wie dieses aussieht. Bestimmte Dinge zu pauken bringt nichts, man muss sehr flexibel reagieren. Bei persönlichen Auswahlgesprächen sollte man freundlich und offen reagieren und sich vor allem Gedanken zu seiner Studienmotivation machen.

Zahnmedizin

Fragen an: Herrn Prof. Dr. Christoph Benz, Vizepräsident der Bundeszahnärztekammer, Berlin

1. In immer mehr Fächern reicht das Abitur als alleinige Zugangsvoraussetzung zu einem Studium nicht mehr aus. Studienbewerber müssen Hochschulauswahlverfahren in Form von schriftlichen Bewerbungen mit Motivationsschreiben, mündlichen Auswahlgesprächen oder schriftlichen Studieneignungstests durchlaufen. Tendenz steigend. Die Hochschulen können sich, wie das in anderen Ländern gängige Praxis ist, ihre Studierenden zunehmend selbst auswählen. Was halten Sie von dieser Entwicklung?
Auswahlgespräche und Studieneignungstests sind grundsätzlich zu begrüßen, weil ...
a) die Bewerberzahl über dem Studienplatzangebot liegt und somit eine (im Unterschied zum Losverfahren) weniger zufällige Auswahl erfolgt,
b) die Universitäten in ihrer Autonomie gestärkt werden,
c) auch der Bewerber die Möglichkeit hat, sich nochmals von der Richtigkeit seiner Studienplatzauswahl zu überzeugen.

2. Welche Form der oben genannten drei Auswahlverfahren (schriftliche Bewerbung mit Motivationsschreiben, mündliches Auswahlgespräch, schriftlicher Studieneignungstest) würden Sie für Ihr Fach bevorzugen? Und warum?
Für uns stünde das mündliche Auswahlgespräch im Vordergrund, da ein persönlicher Kontakt Kompetenzen auf mehreren Ebenen zeigt (fachlich, sozial, emotional, handwerklich u.a.). Der schriftliche Eignungstest beschränkt sich nur auf eine Dimension, könnte aber von den Unis dann bevorzugt werden, wenn ihnen die Ressourcen für den besseren Weg fehlen.

3. Welche Bedeutung hat Ihrer Meinung nach die Abiturdurchschnittsnote, die bisher in den zulassungsbeschränkten Studiengängen das Hauptauswahlkriterium war, für die Studieneignung?
Die Abiturdurchschnittsnote ist nicht unwichtig. Sie belegt immerhin grundlegende Kenntnisse im Bereich der Allgemeinbildung und den Wissensstand in speziellen Fächern gleichermaßen. Die Abiturnote sollte ein Auswahlkriterium neben den anderen Auswahlverfahren sein.

4. In welchen Schulfächern sollten künftige Studierende Ihres Fachs gute oder sehr gute Noten haben?
Biologie, Chemie, Physik, Mathematik und Deutsch.

5. Würden Sie jemand zum Studium Ihres Fachs zulassen, der in diesem Fach oder in verwandten Fächern nur eine durchschnittliche oder sogar schlechte Note im Abiturzeugnis hat?
Grundsätzlich hat jeder eine Chance verdient. Hier muss die Einzelfallprüfung (das Auswahlverfahren) entscheiden.

6. Was sollten Studierende für Ihr Fach mitbringen, was sich nicht an den Schulnoten ablesen lässt?
Soziale Kompetenz, Team- und Kommunikationsfähigkeit, Kulturtechniken (Höflichkeit etc.) sowie handwerkliches Interesse.

7. Halten Sie eine vorherige berufliche Ausbildung für wichtig für das Studium und, falls ja, welche würden Sie empfehlen?
Eine vorherige berufliche Ausbildung halte ich nicht für so wichtig. Um Wartezeit zu sammeln, kann aber eine Technikerausbildung vorab hilfreich sein. Hier erlangt man manuelle Routine und Kenntnisse in Materialkunde sowie von technischen Prozessen. Das hilft im Studium.

8. Was ist nach Ihrer Meinung wichtiger, dass der / die Studienbewerber / -in möglichst bereits vertieftes Fachwissen, z.B. durch Leistungskurse in der Oberstufe, mitbringt oder dass er oder sie über eine gute Allgemeinbildung, ein sicheres Deutsch und ein breites Basiswissen verfügt? Oder halten Sie beides für gleich wichtig?
Zahnmedizin hat nicht so eine direkte Anbindung an die Schulfächer, dass man hier klare Grundlagen aufbauen kann. Wichtig sind das breite Wissen und die Fähigkeit, sich in neue Themen effektiv und zeitnah einzuarbeiten.

9. Was sind nach Ihrer Erfahrung und Einschätzung die wichtigsten Kriterien für den Studienerfolg?
   Wichtig ist breites Basiswissen und die Fähigkeit, effektiv zu lernen, das heißt, sich in kurzer Zeit in neue Gebiete einzuarbeiten und neuen Stoff zu erschließen. Wichtig ist also die Fähigkeit, gelernt zu haben, wie man lernt.

10. Würden Sie bei einem Studieneignungstest Fachwissen abfragen und, falls ja, welches? (Könnten Sie hier vielleicht einige Beispiele nennen?)
    Ja, aber eher an der Oberfläche:
    - *Zahl der bleibenden Zähne beim Erwachsenen*
    - *Zahnaufbau*
    - *die 2 großen Zahnerkrankungen*
    - *2 – 3 Füllungswerkstoffe*
    - *optimale Mundhygiene*

11. Wenn Sie nur drei Fragen stellen dürften, um eine/-n Studienbewerber/-in auszuwählen, welche drei Fragen würden Sie stellen?
    - *Weshalb wollen Sie unbedingt Zahnmedizin studieren?*
    - *Warum glauben Sie, dass Sie ein geeigneter Student für dieses Studium sind?*
    - *Was, glauben Sie, sind die zukünftigen Herausforderungen für die Zahnmedizin (fachlich, gesellschaftlich, gesellschaftspolitisch)?*

12. Wie sollte sich der/die Bewerber/-in Ihrer Meinung nach auf das Studium oder das Auswahlverfahren vorbereiten?
    Hier sind verschiedene Wege möglich:
    - *Praktikum in einer Zahnarztpraxis,*
    - *Informationen über den Studiengang an einer Uni oder bei den Zahnärztekammern einholen,*
    - *Kontakt zu Zahnmedizinstudenten suchen (Fachschaft, Bundesverband der Zahnmedizinstudenten in Deutschland e. V. – BdZM),*
    - *Internetrecherche*

Die Bewerbung für einen Masterstudienplatz

In den nächsten Jahren schließen zwischen 190 000 und 200 000 Bachelorstudierende ihr Studium ab. Ihnen stehen rund 7 000 Masterstudiengänge zum Angebot. Nach einer Studie von 2014 sind rund zwei Drittel dieser Masterstudiengänge zulassungsfrei, rund ein Drittel ist zulassungsbeschränkt.

Der Anteil zulassungsbeschränkter Masterstudiengänge wird in den folgenden Jahren noch ansteigen, weil mehr Bachelor-Absolventen um die Plätze konkurrieren. Dennoch dürfte jeder bzw. jede mit der festen Absicht, ein Masterstudium zu beginnen, unter Berücksichtigung vieler zulassungsfreier Plätze und bei entsprechendem Bewerbungsengagement kein wirklich ernsthaftes Problem damit bekommen, einen Masterstudiengang an einer deutschen Hochschule aufnehmen zu können.

Auch dort, wo die Zulassung frei ist, bedarf es einer vorherigen Anmeldung. Bei den zulassungsbeschränkten Masterstudiengängen ist in der Regel ein Motivationsschreiben vorgesehen. Bei zunehmend mehr Masterangeboten stehen neben einem Motivationsschreiben auch ein Bewerbungsgespräch oder ein Eignungstest als Hürden bevor.

Ob jemand nach dem Bachelor erst einmal für eine bestimmte Zeit arbeiten und somit später mit dem Masterstudium beginnen möchte oder Bachelor und Master unmittelbar aufeinander folgen lässt, ist eine persönliche Entscheidung. Die Zahlen sprechen aber dafür, dass es eher von Vorteil ist, das Masterstudium dem Bachelor unmittelbar anzuschließen. Über 90 Prozent der Masterstudierenden entscheiden sich für diesen Weg.

Die zweite Frage ist: Möchte man den Master an derselben Hochschule beginnen, an der man den Bachelor gemacht hat? Hierfür sprechen gute Argumente: Man ist mit der Hochschule und ihren Örtlichkeiten, mit dem Lehrbetrieb, mit den Dozenten und den Studienschwerpunkten vertraut. Umgekehrt hat es natürlich auch Vorteile, wenn man den Studienort wechselt, um eine andere Hochschule kennenzulernen und durch die dort anderen Schwerpunkte sein Wissen zu erweitern.

Wer den Hochschulort wechseln möchte, sollte berücksichtigen, dass bei besonders attraktiven Studiengängen und Hochschulstädten die Hürden – das heißt die

Zulassungsbedingungen – höher liegen als bei weniger attraktiven Studienorten. Im Grundsatz gilt, dass Masterstudiengänge in großen Städten wie Hamburg, Berlin oder München stärker frequentiert sind als in Städten in den ostdeutschen Bundesländern und dass bestimmte »Hochburgen« (Beispiele: Ingenieurwissenschaften in Aachen oder Sozialwissenschaften in Mannheim) sehr viele Bewerbungen erhalten, was die Chancen auf den Masterstudienplatz verringert.

Bei den nachfolgenden Ausführungen konzentrieren wir uns auf die Bewerbung mit Motivationsschreiben. Zum Thema Tests oder Bewerbungsgespräche im Zuge der Masterbewerbung verweisen wir auf die Kapitel »Schriftliche Eignungs- und Studierfähigkeitstests« und »Studienplatzvergabe mit Auswahlgespräch« (siehe S. 83 und S. 62).

Bei einem Motivationsschreiben für den Masterstudienplatz sind, egal, ob an derselben Hochschule oder an einer anderen, sechs Punkte besonders wichtig:

1. Der bisherige Studienverlauf und die Bachelor-Note: Die Dauer des bisherigen Studiums, die Studienschwerpunkte und die Note sind sehr wichtige Kriterien. Diese drei Punkte sollten in dem Motivationsschreiben in den Vordergrund gerückt werden.

2. Der Bezug zum Master-Studienangebot: Hier sollte ausführlich erläutert werden, welchen Schwerpunkt man einschlagen möchte, warum man diesen Schwerpunkt gewählt hat und in welcher Beziehung dieser Schwerpunkt zu den künftigen beruflichen Vorstellungen passt.

3. In einem Motivationsschreiben darf nicht fehlen, welche beruflichen Wege man nach dem erfolgreichen Masterabschluss einschlagen möchte. Hier ist es durchaus üblich, mehr als einen Weg zu nennen, da ja die meisten Studiengänge verschiedene berufliche Perspektiven eröffnen.

4. Wer sich an einer anderen Hochschule bewirbt, sollte Informationen über die Hochschule und auch über den Hochschulort einbringen, damit die Wahl der Hochschule und des Ortes nicht »wahllos«, sondern gezielt erscheint.

5. Alles, was bisher neben oder außerhalb des Studiums an relevanten Dingen unternommen wurde, sollte mit in das Motivationsschreiben aufgenommen werden. Das wären etwa eine mögliche vorherige Berufsausbildung, einschlägige Praktika, Initiativen im Rahmen der studentischen Selbstverwaltung, Engagement im sozialen, karitativen oder politischen Bereich oder im Sport.

6. Und schließlich sollte das Motivationsschreiben auch die ein oder andere Information über die Einschätzung der eigenen Persönlichkeit und der Stärken enthalten.

Obwohl sich die Hochschulen bei der Master-Bewerberauswahl nicht in die Karten schauen lassen, darf dennoch vermutet werden, dass die Bachelornote das wichtigste Kriterium ist, gefolgt von den geschilderten Aktivitäten außerhalb des reinen Fachstudiums, ferner die Fokussierung auf spätere berufliche Felder und schließlich ein gut durchdachtes und in sich schlüssiges Motivationsschreiben.

Bleibt noch die Frage, ob die Chancen bei zulassungsbeschränkten Masterstudienangeboten an der bisherigen Hochschule oder an einer anderen Hochschule besser sind. Vom Grundsatz her sind sie an der bisherigen Hochschule günstiger, weil sich die Hochschulen in der Verantwortung sehen, dass ihre eigenen Absolventen weiter studieren können. Und eine an der Heimathochschule erzielte gute Note gilt als nicht hinterfragbar.

Noch ein Tipp am Rande: Einen Master kann man auch im Ausland machen. Man darf aber dabei nicht übersehen, dass in fast allen Ländern für ein Masterstudium erhebliche Studiengebühren anfallen, dass die Bewerbungshürden sehr viel höher als in Deutschland sind und dass auch noch das Erlernen der jeweiligen Landessprache hinzukommt. Die Annahme, mit einem Masterstudium im Ausland verdiene man anschließend automatisch mehr Geld, ist falsch. Studien zeigen, dass es bei der beruflichen Karriere – zumindest in den ersten fünf Jahren – nicht hilfreich ist, wenn man seinen Master im Ausland gemacht hat.

Zum Weiterlesen:
Masterstudium 2014. ZEIT Campus Ratgeber, Nr. 2 Frühjahr / Sommer 2014. Zum Motivationsschreiben s. dort auch S. 76 – 77.

»Bin ich gut genug für den Master?« Interview von Johanna Ritter mit dem Hochschulforscher Kolja Briedis, s. unter: *www.zeit.de/campus/2014/01/studium-master-auswahlverfahren*

Verzeichnis der verwendeten Materialien und weitere Literatur und Websites zu den Auswahlverfahren

- Arbeitsgruppe Studienberatung (Hrsg.), *Erfolg im Auswahlgespräch. Der unentbehrliche Ratgeber zur Vorbereitung auf Auswahlgespräche an allen deutschen Hochschulen*, 2009 (s. auch unter *www.auswahlgespraeche.de*).

- Nadine Bös, »Zulassungswirrwarr geht weiter«, in: *Frankfurter Allgemeine Zeitung* vom 18./19. August 2012, Nr. 192, S. C4 (Beruf und Chance).

- Linda Brüheim, Karen Sievers, Jürgen Westermann, »Nicht allein die Abiturnote. Ein Plädoyer für Auswahlgespräche im Medizin-Studium«, in: *Forschung & Lehre*, 19. Jg. (2012), Nr. 11/12, S. 912 – 913.

- duz-Werkstatt (Hrsg.), *Studierendenauswahl: Wie Sie die Besten finden*, Beilage in: *duz-Magazin*, Nr. 5 vom 28. Mai 2004.

- Christina Hucklenbroich, »Auf der Flucht vor dem NC«, in: *Frankfurter Allgemeine Zeitung* vom 19./20. Oktober 2013, Nr. 243, S. C4 (Beruf und Chance).

- Peter Krammer, *FH-GURU: Die erfolgreiche Fachhochschul-Bewerbung*, Wien 2005.

- Veronika Renkes, »Von der Begrüßung bis zum Abschied. Struktur des Auswahlgesprächs. Ein Leitfaden für Dozenten«, in: duz-Werkstatt (Hrsg.), *Studierendenauswahl: Wie Sie die Besten finden*, S. 6 (= Beilage in: *duz-Magazin*, Nr. 5 vom 28. Mai 2004).

- Deike Uhtenwoldt, »Vor dem Test sind alle gleich«, in: *Frankfurter Allgemeine Zeitung* vom 11./12. Februar 2012, Nr. 36, S. C4 (Beruf und Chance).

- Peter Welchering, »Das lange Warten auf die neue ZVS«, in: *Frankfurter Allgemeine Zeitung* vom 7./8. Januar 2012, Nr. 6, S. C4 (Beruf und Chance).

Ein Dankeschön

Für die Unterstützung dieses Ratgebers danken wir sehr herzlich:

Herrn Prof. Dr. Christoph Benz, Vizepräsident der Bundeszahnärztekammer, Berlin

Herrn Rainer Böhme, Zeppelin Universität, Friedrichshafen / Bodensee

Herrn Prof. Dr. François Bry, München

Herrn Prof. Dr. Hans-Ulrich Bühler, Vorsitzender des Fachbereichstages Informatik, Fulda

Frau Dr. Marion Freerk, Heidelberg

Herrn Dr. Thomas Geelhaar, Präsident der Gesellschaft Deutscher Chemiker e.V., Frankfurt am Main

Frau Prof. Dr. Elke Lütjen-Drecoll, Präsidentin der Akademie der Wissenschaften und der Literatur Mainz 2006 – 2013, Universität Erlangen-Nürnberg

Herrn Prof. Dr. Hans Jürgen Ohlbach, München

Herrn Dr. Carsten Roller, Ressortleiter » Ausbildung & Karriere « des Verbandes Biologie, Biowissenschaften und Biomedizin in Deutschland e.V., München

Herrn Frank Rueß, Ehingen / Donau

Herrn Prof. Dr. Peter Schwenkmezger, Präsident der Universität Trier 2000 – 2011, Universität Trier

Frau Dr.-Ing. Larissa Vietzorreck, Technische Universität München, Lehrstuhl für Hochfrequenztechnik

Erfolgreich ins Studium

Erfolgreich durchs Studium

Erfolgreich in den Beruf

Individuelle Studien- und Berufsberatung durch

Dr. Angela Verse-Herrmann

Autorin der Standardwerke
»Studieren, aber was?«, »Erfolgreich bewerben an
Hochschulen« und »Der große Studienwahltest«

Mögliche Beratungsthemen:

- Die richtige Fächerwahl
- Uni- oder FH-Studium?
- Der optimale Studienort
- Bewerbung um den Studienplatz und
  Hochschulauswahlverfahren
- Studienfinanzierung
- Auslandsstudium

Weitere Informationen:

St.-Gereon-Straße 28
55299 Nackenheim
Tel. 0 61 35 / 95 00 67
Fax 0 61 35 / 95 17 02
E-Mail: info@bw-dienste.de
Homepage: www.bw-dienste.de

Studienwahl und Bewerbung

Studieren, aber was?

Die richtige Studienwahl für optimale Berufsperspektiven

■ **Dr. Angela Verse-Herrmann / Dr. Dieter Herrmann**

Von BWL über Medizin bis hin zu Werkzeugtechnik – die erfahrenen Studienberater Angela Verse-Herrmann und Dieter Herrmann geben einen Überblick über 180 Studienfächer und alle Hochschularten, die es in Deutschland gibt (Universitäten, Technische Universitäten, Fachhochschulen, Fernhochschulen, Universitäten der Bundeswehr etc.).

Zahlreiche Fächer werden ausführlich vorgestellt mit Inhalten, persönlichen Voraussetzungen und einem Blick auf die späteren Berufschancen.

212 Seiten, 16,2 x 22,9 cm, Broschur
Best.-Nr. E10483
€ 17,95 (D) / € 18,50 (A)
ISBN 978-3-86668-798-1

Hesse/Schrader Training für Praktikanten, Volontäre und Trainees

Mit der optimalen Bewerbung zum erfolgreichen Berufseinstieg

■ **Hesse / Schrader**

Praktikumsplätze bei bekannten Unternehmen, Trainee-Stellen und Volontariate sind heiß begehrt, denn sie sind der Weg zur späteren Festanstellung. Nur durch eine überzeugende Bewerbung gelingt es, gegenüber anderen Bewerbern positiv aufzufallen. Hesse/Schrader zeigen anhand gelungener Beispiele, auf welche wichtigen Botschaften und kleinen Feinheiten Sie bei Ihren Unterlagen unbedingt achten müssen. Außerdem erhalten Sie:

- Tipps zur erfolgreichen Stellensuche
- Alle Infos von der ersten Kontaktaufnahme bis zum Vorstellungsgespräch und dem späteren Arbeitszeugnis
- Hinweise zu Ihren Rechten und Pflichten als Praktikant, Trainee oder Volontär

130 Seiten, 21 x 30 cm, Broschur, mit CD-ROM
Best.-Nr. E10037
€ 16,95 (D) / € 17,50 (A)
ISBN 978-3-86668-591-8

Bestellungen bitte direkt an:
STARK Verlag · Postfach 1852 · D-85318 Freising
Tel. 0180 3 179000* · Fax 0811 6000499-163 · www.berufundkarriere.de · info@berufundkarriere.de
* 9 Cent pro Min. aus dem deutschen Festnetz, Mobilfunk bis 42 Cent pro Min. Aus dem Mobilfunknetz wählen Sie die Festnetznummer 08167 9573-0

23-BK-R015

STARK